亲子共读

中华家教经典名篇

张能治　编译

中国妇女出版社

图书在版编目（CIP）数据

亲子共读中华家教经典名篇 / 张能治编译. -- 北京：中国妇女出版社，2024.3
ISBN 978-7-5127-2363-4

Ⅰ.①亲… Ⅱ.①张… Ⅲ.①家庭教育 Ⅳ.①G78

中国国家版本馆CIP数据核字（2024）第003397号

责任编辑：闫丽春
封面设计：末末美书
责任印制：李志国

出版发行：中国妇女出版社
地　　址：北京市东城区史家胡同甲24号　　邮政编码：100010
电　　话：（010）65133160（发行部）　　65133161（邮购）
网　　址：www.womenbooks.cn
邮　　箱：zgfncbs@womenbooks.cn
法律顾问：北京市道可特律师事务所
经　　销：各地新华书店
印　　刷：北京通州皇家印刷厂

开　　本：145mm×210mm　1/32
印　　张：9.25
字　　数：183千字
版　　次：2024年3月第1版　　2024年3月第1次印刷
定　　价：60.00元

前言 · PREFACE

诵读·理解·践行

中华文化源远流长、灿烂辉煌，产生出很多脍炙人口、广为流传的国学经典，家庭教育为其中重要的组成部分。以习近平总书记提出的“注重家庭、注重家教、注重家风”为指导原则，通过遴选，特编译《亲子共读中华家教经典名篇》一书，方便读者较为系统地学习。

中华家教经典中孕育着优良的中国家庭教育传统，哺育着一代又一代中华儿女。如何继承发扬这些优良传统，指导今天的家庭教育实践？答案是：诵读，理解，践行。

诵读，是继承中华优良家教传统的前提。《亲子共读中华家教经典名篇》遴选的15部（篇）作品，内容丰富，思想深刻，朗朗上口，非常适合诵读。

“非淡泊无以明志，非宁静无以致远。”（诸葛亮《诫子书》）

“玉不琢，不成器；人不学，不知道。”（欧阳修《诲学说》）

“观天下书未遍，不得妄下雌黄。”（颜之推《颜氏家训》）

“夫妇之际，以敬为美。”（司马光《温公家范》）

“国之本在家，家之本在身。”（孟轲《孟子》）

……

读着这些经典名句，自然地感受着中华家教的博大精深，也自然而然地渴望学习、传承。如何学习？父母与子女一起朗读。熟读成诵，互帮互学，互相促进。亲子共同诵读中华家教经典，孩子受益，父母也跟着一起成长。

理解，有助于诵读。本书中的每句名言都被翻译成现代汉语并做了必要的注释及点评，有助于读者对经典的理解与运用。只有理解了，才能更好地诵读；反复诵读，又能进一步加深理解，两者相辅相成。

践行，就是实践应用。怎么用？关键是父母要言行一致，为孩子做出榜样。有一句名言，“勿以善小而不为，勿以恶小而为之”。父母学了，就要身体力行，不要因为是微小的好事就不去做，不要因为是微小的坏事就去做。孩子耳闻目睹，必定会以父母为榜样，时时处处注重做善事，不做坏事。长此以往，孩子必定成长为有道德的人，成为有所作为的人。

遵循荀况的“锲而不舍，金石可镂”的精神，我经过多年的不懈努力，《亲子共读中华家教经典名篇》终于出版了！

诵读、理解、践行，三者密切相关，缺一不可。亲子诵读，在诵读中获得新知，希望大家发自内心地践行起来！

张能治

2023 年 5 月 2 日

目录 · CONTENTS

诸葛亮与《诫子书》

欧阳修与《诲学说》

陶渊明与《与子俨等疏》

朱用纯与《朱柏庐治家格言》

荀况与《荀子》

颜之推与《颜氏家训》

司马光与《温公家范》

曾国藩与《曾国藩家书》

孔丘与《论语》

孟轲与《孟子》

李耳与《道德经》

朱熹与《朱子家训》

袁了凡与《了凡四训》

钱镠与《钱氏家训》

《孝经》

诸葛亮与《诫子书》

一、诸葛亮与《诫子书》简介

诸葛亮（181—234），字孔明，号卧龙（也作伏龙），琅琊阳都（今山东省临沂市沂南县）人。三国时期蜀汉丞相，杰出的政治家、军事家、教育家、散文家、发明家。诸葛亮在世时被封为武乡侯，死后谥为忠武侯，所以被称为武侯、诸葛武侯，也称“卧龙”或“伏龙”。代表作有《前出师表》《后出师表》《诫子书》《隆中对》等。

诸葛亮早年隐居邓县隆中（今湖北襄阳），受刘备三顾茅庐之礼，终于出山辅佐，成为刘备主要谋士。他提出著名的《隆中对》，策动孙权、刘备联盟，于赤壁之战中大破曹操，奠定三国鼎立的基础。刘备死后，辅佐刘禅继位。

诸葛亮有着胸怀坦荡的大智慧，通天文，晓地理，发明木牛流马、孔明灯等。他在后世受到人们极大的尊崇，成都建有武侯祠，杜甫作千古名篇《蜀相》赞扬诸葛亮。清朝康熙帝称：“鞠躬尽瘁，死而后已。为人臣者，惟诸葛亮能如此耳。”

诸葛亮 54 岁临终前给 8 岁儿子诸葛瞻写了一封信，即《诫子书》。诸葛亮是一位品格高洁、才学渊博的父亲，对儿子的殷殷教诲与无限期望尽在信中。儿子诸葛瞻由于受到良好的家庭教育，当魏将邓艾攻蜀引诱他投降时，他怒斩来使，战死殉国，没有辜负父亲的厚望。

《诫子书》是诸葛亮立身处世的智慧结晶，其中的智慧理性、简练严谨的文字，将普天下为人父者的爱子之情表达得无比深切。

二、《诫子书》名句选编、翻译、注释及点评

修身养性

【名句】

静以修身，俭以养德。

【翻译】

依靠静思来提高自己的修养，依靠俭朴的作风来培养品德。

【注释】

静：平静，安静。

【点评】

“静以修身，俭以养德。”依靠内心的安静，思考如何修身养性，依靠俭朴的作风，培养美好的品德。“静”与“俭”，即修身养德的途径。

【名句】

非淡泊无以明志，非宁静无以致远。

【翻译】

不恬淡寡欲看轻世俗名利，就不能显示自己的崇高志向，不身心安静思考就不能实现远大的目标。

【注释】

非：除非，不。

淡泊：恬淡寡欲。

致远：达到远大目标。

【点评】

“非淡泊无以明志，非宁静无以致远。”两个“非”字将“明志”与“致远”联系起来，斩钉截铁，语意坚定，非此即彼。

【名句】

夫学，须静也；才，须学也。

【翻译】

学习必须静下心来，才干能力必须靠学习取得。

【点评】

学习，须静；才干，须学。“静”与“学”，获取才干能力的途径。

勤学立志

【名句】

非学无以广才，非志无以成学。

【翻译】

不努力学习就不能增长才干，没有志向就不能成就学业。

【注释】

广：增长。

【点评】

“非学无以广才，非志无以成学。”要想增长才干和能力就得学习，要想成就学业和事业就得有志向。“学”与“志”，是“广才”与“成学”的前提。

【名句】

淫慢则不能励精，险躁则不能治性。

【翻译】

放纵怠慢就不能振奋精神，轻浮急躁便不能陶冶性情。

【注释】

淫慢：放纵怠慢。

励精：振奋精神。

险躁：轻浮急躁。

治性：陶冶性情，“治”通“冶”；有的版本将“治性”直接改为“冶性”。

【点评】

“慢”与“躁”是学习的大敌。诸葛亮劝诫儿子要励精图治，勤奋学习，不慢不躁，才会学有所成。

三、《诫子书》原文

夫君子之行，静以修身，俭以养德。非淡泊无以明志，非宁静无以致远。夫学，须静也；才，须学也。非学无以广才，非志无以成学。淫慢则不能励精，险躁则不能治性。年与时驰，意与日去，遂成枯落，多不接世。悲守穷庐，将复何及！

四、《诫子书》的历史意义及现代价值

诸葛亮的《诫子书》是中国古代家庭教育名篇，主旨是劝勉儿子诸葛瞻修身养性，要从淡泊宁静中下功夫，最忌怠惰险躁。

文章概括了做人治学的经验，着重围绕一个“静”字，同时把失败归结为一个“躁”字，对比鲜明。在《诫子书》中，诸葛亮劝诫儿子“静以修身，俭以养德。非淡泊无以明志，非宁静无以致远”。这就是要求儿子依靠内心安静、精力集中来修养身心，依靠俭朴的作风来培养品德。不看轻世俗的名利就不能明确自己的志向，身心不宁静就不能实现远大的理想。

诸葛亮提出“非学无以广才，非志无以成学”的著名观点，就是要求人们，学习必须专心致志，增长才干必须刻苦学习。他还劝诫儿子“淫慢则不能励精，险躁则不能治性”，就是要励精图治，勤奋学习，不慢不躁，安守“穷庐”，多多“接世”。诸葛亮警告说，年华随着时间流逝，意志随着时日消磨，

最终就会像枯枝落叶般衰败下去，这样的人不会为社会所用，只有悲伤叹息，困守在自己的穷家破舍里，到那时后悔已来不及了！

《诫子书》语言精练，短短 86 字即把修身养性和治学为人之道讲得清清楚楚，充分体现了诸葛亮深厚的文学修养。

《诫子书》表现了诸葛亮在家庭教育方面既重视德育又重视智育的先进思想，成为后世家庭教育的典范。从《诫子书》中，我们领悟到了“静以修身，俭以养德”的人生真谛，体会到了“淡泊明志，宁静致远”的生命哲学，所有这些都富有深刻的启迪作用，在今天仍有极大的现实意义。

（本篇中引用的《诫子书》原文均摘自以下图书：文景．历代家训［M］．北京：中国人口出版社，2018：35-36.）

欧阳修与《诲学说》

一、欧阳修与《诲学说》简介

欧阳修（1007—1072），字永叔，号醉翁，晚号六一居士，谥号文忠，庐陵永丰（今江西省吉安市）人。北宋时期政治家、文学家、散文家和诗人，著有《欧阳文忠公文集》。

欧阳修幼年丧父，家境贫寒，母亲用芦秆教他认字。他是仁宗天圣进士，曾任参政知事等职。由于支持范仲淹推行政治革新，与朝廷中的保守势力形成对立，因而遭忌恨弹劾，屡次被贬。

欧阳修大力提倡自然流畅的文风，反对怪僻晦涩。他不仅能够从实际出发，提出平实的散文理论，而且自己又以造诣很高的创作实绩，起了示范作用。欧阳修是当时公认的文坛领袖，"唐宋八大家"之一。他的散文说理畅达，抒情委婉；诗风流畅自然，其词深婉清丽。欧阳修对宋代文学的发展有着很深的影响。

《诲学说》是欧阳修给二儿子欧阳奕写的，他勉励儿子要努力学习，力求上进，做品学兼优之人，不要成为没有作为的人。

二、《诲学说》翻译、注释及点评

玉不琢，不成器；人不学，不知道。然玉之为物，有不变之常德，虽不琢以为器，而犹不害为玉也。人之性，因物则迁，不学，则舍君子而为小人，可不念哉？

【翻译】

玉石不经过雕琢，就不能制作成器物；人不学习，就不懂得道理。然而，玉石这种东西，有比较稳固的特性，即使不能成为器物，也不否认是玉；可是人的本性，会因外界事物的影响而发生变化，如果不学习，就不能成为有道德、有品行的人，只会成为小人，这难道不令我们时时思虑、反省吗？

【注释】

器：器皿。

道：事理。

常德：恒常不变的本质。

不害为玉：不失为玉的品质。

性：品性。

因物则迁：因环境而改变。物，事物、环境。

舍：放弃。

可：这里表示反问，“难道”“可以”的意思。

念：想着，考虑，反省。

【点评】

“玉不琢，不成器；人不学，不知道。”欧阳修捕捉到“玉”与“人”二者的不同点，由“玉”及“人”，推陈出新：玉有“不变之常德”，即使不经过雕琢，仍不失为玉；而人的品性“因物则迁”，若不学习，则无法成为有益社会的君子。通过对比，强调了“人不学，不知道”的极端重要性。

三、《诲学说》的历史意义及现代价值

《诲学说》是欧阳修给二儿子欧阳奕写的。“玉不琢，不成器；人不学，不知道。”《诲学说》的开头引用《礼记·学记》这几句话，强调璞玉不经琢磨，不会成为贵重的玉器；人没有受过教育，不会明白道理。欧阳修以一个全新的角度去研究，捕捉到“玉”与“人”二者的不同点，由旧句生出新意：玉有“不变之常德”，即使不经过雕琢，仍不失为玉；而人的品性“因物则迁”，若不学习，则无法成为有益于社会的君子。

欧阳修大力提倡简而有法、流畅自然的文风，反对浮靡雕琢、怪僻晦涩的文法。《诲学说》把玉的本质与人的品性作对比，阐明了学习对于人的重要意义，寥寥数语，意味深长。

《诲学说》在今天仍有现实意义。时代在发展变化，人的本性，会“因物则迁”，不学习，就会对新人新事评头品足，“则

舍君子而为小人”，说明学习是何等的重要。

（本篇中引用的《诲学说》原文均摘自以下图书：文景 . 历代家训 [M] . 北京：中国人口出版社，2018：100.）

陶渊明与《与子俨等疏》

一、陶渊明与《与子俨等疏》简介

陶渊明（365—427），名潜，字元亮，号五柳先生，谥号靖节先生，浔阳柴桑（今江西省九江市）人。东晋大诗人、文学家、辞赋家、散文家。曾任彭泽令等职，后不满士族地主把持政权的黑暗现实，去职隐居，躬耕自食。田园生活是陶渊明诗的主要题材，有《陶渊明集》传世。

《与子俨等疏》是陶渊明写给五个儿子的一封信，写于 421 年，其时陶渊明 57 岁。疏是“布陈”的意思，是一种用于告诫的，类似书信的文体。陶渊明 30 岁左右丧妻，后续娶翟氏，俨、俟、份、佚、佟是陶渊明的五个儿子，不是同一个母亲所生。陶渊明特别强调，“然汝等虽不同生，当思四海皆兄弟之义”，和谐共处，互相帮助。他勉励儿子们要“高山仰止，景行行止”，即仰望高山，遵行大道，要向道德高尚的人学习。

二、《与子俨等疏》名句选编、翻译、注释及点评

四海皆兄弟

【名句】

然汝等虽不同生，当思四海皆兄弟之义。鲍叔、管仲，分财无猜；归生、伍举，班荆道旧。遂能以败为成，因丧立功。他人尚尔，况同父之人哉？颍川韩元长，汉末名士，身处卿佐，八十而终，兄弟同居，至于没齿。济北氾稚春，晋时操行人也，七世同财，家人无怨色。

【翻译】

虽然你们不是同一个母亲所生的，但应当想到四海之内都是兄弟的情义。鲍叔牙、管仲共同经商，分钱的时候不猜忌；归生、伍举途中相遇，两人铺荆而坐，共叙旧情。就是因为在

鲍叔牙帮助下，管仲变失败为成功；在归生帮助下，伍举得以回国立功。他人尚且如此，何况你们这些同父兄弟呢？颍川的韩元长，是汉朝末年的名士，身份是卿佐，八十岁时去世，兄弟一起居住，直到终身。济北的氾稚春，是西晋时有操行的人，七世用共同的财产，家人没有怨怒的脸色。

【注释】

当思四海皆兄弟之义：四海之内都是兄弟的情义。

鲍叔、管仲，分财无猜：鲍叔牙、管仲共同做买卖，管仲家贫，分钱的时候拿得多，鲍叔牙不会因为觉得他贪财而猜忌他。

归生、伍举，班荆道旧：春秋时，蔡国人归生和楚国人伍举是好朋友，后来伍举因罪逃往晋国。在去晋国路上，与出使晋国的归生相遇，两人铺上荆草，席地而坐，共叙旧情。归生回国后对令尹子木说，楚国人才为晋国所用，这对楚国很不好，于是楚国又召回了伍举。班荆，铺荆于地。班，摊开。荆，一种落叶灌木。

以败为成：依靠鲍叔牙的帮助，管仲变失败为成功。管仲最初辅佐公子纠，鲍叔牙辅佐公子小白。后来纠和小白争夺君位，小白得胜即位，是为齐桓公，公子纠被杀，管仲被囚。后经鲍叔牙举荐，管仲做了齐相，帮助齐桓公成就了霸业。

因丧立功：伍举因罪逃亡，后得归生帮助，回楚国后辅助公子继承王位，立下功劳。

没齿：没世，终身。

【点评】

“当思四海皆兄弟之义”——四海之内都是兄弟的情义，何况是一家人，自当和谐共处，互相帮助。

景行行止

【名句】

《诗》曰：“高山仰止，景行行止。”虽不能尔，至心尚之。汝其慎哉！吾复何言。

【翻译】

《诗经》说：“仰望高山，遵行大道，效仿崇高品德。”即使不能做到前人那样，也要诚心诚意地崇尚他们。你们可要慎重啊！我没什么可说的了。

【注释】

高山仰止，景行行止：仰望高山，遵行大道，效仿崇高品德。行，前一个“行”指行为、品行，后一个“行”是学习、实行的意思。止，句末语气词，无义。

尔：那样。

至心尚之：诚心诚意地崇尚他们。至心，至诚之心。尚，尊崇、崇尚。

汝其慎哉：你们可要慎重啊。其，句中语气词，表示期望。

【点评】

“高山仰止，景行行止。”仰望高山，遵行大道，诚心诚意地崇敬有德行的人。

三、《与子俨等疏》原文

告俨、俟、份、佚、佟：天地赋命，生必有死。自古贤圣，谁独能免？子夏有言曰：“死生有命，富贵在天。”四友之人，亲受音旨，发斯谈者，将非穷达不可妄求，寿夭永无外请故耶？

吾年过五十，少而穷苦，每以家弊，东西游走。性刚才拙，与物多忤。自量为己，必贻俗患，黾勉辞世，使汝等幼而饥寒。余尝感孺仲贤妻之言，败絮自拥，何惭儿子？此既一事矣。但恨邻靡二仲，室无莱妇，抱兹苦心，良独内愧。

少学琴书，偶爱闲静，开卷有得，便欣然忘食。见树木交荫，时鸟变声，亦复欢然有喜。常言：五六月中，北窗下卧，遇凉风暂至，自谓是羲皇上人。意浅识罕，谓斯言可保；日月遂往，机巧好疏。缅求在昔，眇然如何！疾患以来，渐就衰损。亲旧不遗，每以药石见救，自恐大分将有限也。

汝辈稚小家贫，每役柴水之劳，何时可免？念之在心，若何可言！然汝等虽不同生，当思四海皆兄弟之义。鲍叔、管仲，分财无猜；归生、伍举，班荆道旧。遂能以败为成，因丧立功。他人尚尔，况同父之人哉？颍川韩元长，汉末名士，身处卿佐，八十而终，兄弟同居，至于没齿。济北氾稚春，晋时操行人也，七世同财，家人无怨色。《诗》曰："高山仰止，景行行止。"虽不能尔，至心尚之。汝其慎哉！吾复何言。

四、《与子俨等疏》的历史意义及现代价值

陶渊明的《与子俨等疏》是中国古代家庭教育名篇。

他在给儿子们的疏中，一边怀着深深的歉意，一边列举了许多古代贤人的事例，述说自己的志趣和人生态度。陶渊明用中国古代优良的家风、家德教育孩子："兄弟同居，至于没齿"；"七世同财，家人无怨色"。他特别强调"然汝等虽不同生，当思四海皆兄弟之义"，要互相友爱。他勉励儿子们："高山仰止，景行行止"，对于古人的崇高道德应敬仰，对于他们的高尚行为则应遵守、学习；"虽不能尔，至心尚之"，即使不能做到前人那样，也要诚心诚意地崇尚他们。陶渊明对自己的几个儿子，表现出了平易可亲、情真意切的慈父情怀。

明人张自烈赞曰：《与子俨等疏》乃陶公一生实录，全部学问也。"陶渊明注重家庭教育，《与子俨等疏》可视为以身教

子、以民族传统美德教子的范例，在今天仍有现实意义。

（本篇中引用的《与子俨等疏》原文均摘自以下图书：文景.历代家训［M］.北京：中国人口出版社，2018：49-52.）

朱用纯与《朱柏庐治家格言》

一、朱用纯与《朱柏庐治家格言》简介

朱用纯（1627—1698），字致一，号柏庐，明末清初学者，江苏昆山人。其父朱集璜是明末学者。朱柏庐自幼努力读书，曾考取秀才，志于仕途。清人关明亡，遂不再求取功名，隐居家乡苦读，并教授学生，终成一代学者，一时颇负盛名。朱用纯一生研究程朱理学，主张知行并进。

他的著述颇丰，有《删补易经蒙引》《四书讲义》《愧讷集》《大学中庸讲义》《朱柏庐治家格言》等。

《朱柏庐治家格言》脍炙人口，家喻户晓，对中国人的影响很大。《朱柏庐治家格言》精辟地阐明了修身治家之道，是一篇家教名著，其核心就是让人成为正大光明、知书明理、生活严谨、宽容善良、理想崇高的人。

朱用纯著的《朱柏庐治家格言》，亦称《朱子治家格言》，简称《治家格言》《朱子家训》，请不要与南宋理学家朱熹的《朱子家训》混淆。

二、《朱柏庐治家格言》名句选编、翻译及注释

作息

【名句】

黎明即起，洒扫庭除，要内外整洁。既昏便息，关锁门户，必亲自检点。

【翻译】

天刚亮就起床，洒水打扫庭院，要里里外外都整齐、干净。天刚黑便休息，关好门，一切都要亲自检查，以免疏漏。

【注释】

庭除：庭院。

门户：古代把双扇的门叫门，单扇的门叫户。

检点：细心查看。

治家

【名句】

宜未雨而绸缪，勿临渴而掘井。

【翻译】

下雨前就要做好防雨的准备工作，不要等到口渴了才想起挖井之事。

【注释】

绸缪（chóu móu）：修缮的意思；指做好下雨前的准备工作，即今天所指“未雨绸缪”之意。

【名句】

器具质而洁，瓦缶胜金玉；饭食约而精，园蔬愈珍馐。

【翻译】

餐具质朴而干净，虽是用泥土做的瓦器，也比金玉制的好；食品简约而精美，虽是自己家园子里种植的蔬菜，也胜于山珍海味。

【注释】

瓦缶（fǒu）：瓦制的器具。

约：简约，简单。

愈：超过，胜过。

珍馐（xiū）：珍奇精美的食品。

【名句】

祖宗虽远，祭祀不可不诚；子孙虽愚，经书不可不读。

【翻译】

祖宗虽然已离我们很遥远，但祭祀时对他们一定要诚心；子孙虽然还愚钝，但一定要让他们阅读儒家经典著作。

【名句】

居身务期俭朴，教子要有义方。勿贪意外之财，勿饮过量之酒。

【翻译】

为人作风一定要俭朴，教导子弟一定要有正确的方法。不要贪图不属于你的钱财，不要喝过量的酒。

【注释】

义方：合乎义理的法则，教导弟子的正确方法。

节俭

【名句】

一粥一饭，当思来之不易；半丝半缕，恒念物力维艰。

【翻译】

一碗粥一碗饭，应当想到这些粮食是来之不易的；衣服的半根丝或半条线，要常常想到得到这些物产是很困难的，要懂得珍惜。

【注释】

恒：常有。

【名句】

自奉必须俭约，宴客切勿留连。

【翻译】

自己生活方面必须节约，宴请客人时也不要铺张浪费，没有休止。

【注释】

自奉：对自己的奉养，也就是自己的生活消费。

和睦

【名句】

家门和顺，虽饔飧不继，亦有余欢；国课早完，即囊橐无余，自得至乐。

【翻译】

家庭和睦，关系融洽，即使一日三餐都吃不饱，也会有其他的欢乐；国家的赋税早已交完，即使口袋中没有了剩余，也能自得其乐。

【注释】

饔飧（yōng sūn）不继：一日三餐都吃不饱。饔，早饭；飧，晚饭。

国课：国家规定的税金。

囊橐（náng tuó）：口袋；大袋叫囊，小袋叫橐。

【名句】

兄弟叔侄，须分多润寡；长幼内外，宜法肃辞严。

【翻译】

兄弟叔侄亲戚之间，需要互相帮助，富足的要救助贫困的；长幼辈分要分清，礼法要严谨，谈话要庄重。

【注释】

分多：从多的里边分出一部分，即把多的减少。

润寡：向少的部分再增添一些。

【名句】

听妇言，乖骨肉，岂是丈夫？重资财，薄父母，不成人子。

【翻译】

听妇人之言，分离骨肉之情，使亲人不和，难道是大丈夫所为？看重钱财，亏待父母，这样的人就不能称其为子女。

【注释】

乖骨肉：疏远、离间骨肉之情。乖，疏远、离间；骨肉，比喻至亲。

感恩

【名句】

施惠勿念，受恩莫忘。

【翻译】

施恩给别人，心里不要老记着，受到别人的恩惠一定不要忘记。

正直

【名句】

见富贵而生谄容者，最可耻；遇贫穷而作骄态者，贱莫甚。

【翻译】

看到富贵的人，便做出巴结讨好的样子，是最可耻的；遇着贫穷的人，便做出骄横无礼的态度，是最鄙贱不过的。

【注释】

谄容：逢迎讨好的言语和表情。

【名句】

善欲人见，不是真善；恶恐人知，便是大恶。

【翻译】

有善心一定要让别人知道，不是真正的善心；有恶心怕别人知道，这就是大恶。

【注释】

欲：希望。

诚信

【名句】

与肩挑贸易，勿占便宜；见贫苦亲邻，须加温恤。

【翻译】

与做小生意的挑贩们交易，不要占他们的便宜；看到穷苦的亲戚或邻居，要多加体恤安抚。

【注释】

温恤：温存抚恤。

【名句】

勿恃势力，而凌逼孤寡；勿贪口腹，而恣杀牲禽。

【翻译】

不要仗着势力去欺凌逼迫孤儿寡妇；不要贪图口腹之享而任意地宰杀禽畜。

嫁娶

【名句】

嫁女择佳婿，勿索重聘；娶媳求淑女，勿计厚奁。

【翻译】

嫁女儿要选择一个品质贤良的女婿，不要索取大量的订婚礼物；娶媳妇要娶一个贤惠端庄的女子，不要计较她是否有丰厚的嫁妆。

【注释】

勿索重聘：不要索取大量的订婚礼物。勿，不可以；索，索取；重聘，订婚的礼物叫聘礼，大量的订婚礼物叫重聘。

厚奁（lián）：丰厚的嫁妆。奁，古代女子梳妆用的镜匣，引申为嫁妆。

交往

【名句】

狎昵恶少，久必受其累；屈志老成，急则可相依。

【翻译】

与不良少年交往亲密，日子久了必定会受他的连累；虚心自谦，与阅历多而善于处事的人交往，在危难之际可依靠那些人。

【注释】

狎昵（xiá nì）：不拘礼节，过分亲近。

累：牵涉，连累。

屈志老成：屈志，高才低就；老成，经历多，做事稳重。

【名句】

人有喜庆，不可生妒忌心；人有祸患，不可生喜幸心。

【翻译】

人家有喜庆之事，不可产生嫉妒的心理；人家遭遇祸患，不可产生幸灾乐祸的情绪。

【名句】

轻听发言，安知非人之谮诉，当忍耐三思；因事相争，焉知非我之不是，须平心暗想。

【翻译】

轻易相信别人说的话，怎么知道那不是诬蔑人的坏话呢，应当耐心三思；由于事端而发生争执，怎么知道那不是自己的错误呢，需要静下心来认真思考。

【注释】

谮（zèn）诉：诬蔑人的坏话。

自省

【名句】

凡事当留余地，得意不宜再往。

【翻译】

做任何事情都要留有余地，得意以后，就要知足，适可而止。

【名句】

守分安命，顺时听天。为人若此，庶乎近焉。

【翻译】

安守本分，顺应天命。为人像这样，差不多接近最佳境界了。

【注释】

庶乎：差不多，即几乎。

三、《朱柏庐治家格言》原文

黎明即起，洒扫庭除，要内外整洁。既昏便息，关锁门户，必亲自检点。一粥一饭，当思来之不易；半丝半缕，恒念物力维艰。宜未雨而绸缪，勿临渴而掘井。自奉必须俭约，宴客切勿留连。器具质而洁，瓦缶胜金玉；饮食约而精，园蔬愈珍馐。

勿营华屋，勿谋良田。三姑六婆，实淫盗之媒；婢美妾娇，非闺房之福。童仆勿用俊美，妻妾切忌艳妆。祖宗虽远，祭祀不可不诚；子孙虽愚，经书不可不读。居身务期俭朴，教子要有义方。勿贪意外之财，勿饮过量之酒。与肩挑贸易，勿占便宜；见贫苦亲邻，须加温恤。

刻薄成家，理无久享；伦常乖舛，立见消亡。兄弟叔侄，须分多润寡；长幼内外，宜法肃辞严。听妇言，乖骨肉，岂是丈夫？重资财，薄父母，不成人子。嫁女择佳婿，勿索重聘；娶媳求淑女，勿计厚奁。见富贵而生谄容者，最可耻；遇贫穷而作骄态者，贱莫甚。

居家戒争讼，讼者终凶；处世戒多言，言多必失。勿恃势力，而凌逼孤寡；勿贪口腹，而恣杀牲禽。乖僻自是，悔悟必多；颓惰自甘，家道难成。狎昵恶少，久必受其累；屈志老成，急则可相依。轻听发言，安知非人之谮诉，当忍耐三思；因事相争，焉知非我之不是，须平心暗想。

施惠勿念，受恩莫忘。凡事当留余地，得意不宜再往。人有喜庆，不可生妒忌心；人有祸患，不可生喜幸心。善欲人见，不是真善；恶恐人知，便是大恶。见色而起淫心，报在妻女；匿怨而用暗箭，祸延子孙。

家门和顺，虽饔飧不继，亦有余欢；国课早完，即囊橐无余，自得至乐。读书志在圣贤，非徒科第；为官心存君国，岂计身家。守分安命，顺时听天。为人若此，庶乎近焉。

四、《朱柏庐治家格言》的历史意义及现代价值

《朱柏庐治家格言》从治家的角度谈了作息、治家、节俭、和睦、感恩、正直、诚信、嫁娶、交往、自省诸方面的问题，告诫人们要勤劳、孝顺、友爱，这是为人处世、修身养性的根本。

《朱柏庐治家格言》以对偶形式一气呵成，每句对仗，朗朗上口，全文共500多字。像“一粥一饭，当思来之不易；半丝半缕，恒念物力维艰”“宜未雨而绸缪，勿临渴而掘井”“勿贪意外之财，勿饮过量之酒”“嫁女择佳婿，勿索重聘；娶媳求淑女，勿计厚奁”这些格言警句为群众所熟悉，广为传诵。

《朱柏庐治家格言》以“修身”“齐家”为宗旨，集儒家做人处世方法之大成，思想植根深厚，含义博大精深。《朱柏庐治家格言》脍炙人口，家喻户晓，对中国人的影响很大，在今天仍然有现实意义。

（本篇中引用的《朱柏庐治家格言》原文均摘自以下图书：朱用纯，等．朱子家训·颜氏家训·孔子家语［M］．金源，编译．成都：天地出版社，2019：3-12.）

荀况与《荀子》

一、荀况与《荀子》简介

荀况（约公元前 313—公元前 238），名况，字卿，因避汉宣帝刘询名讳称孙卿，战国末期赵国人，思想家、哲学家、教育家，儒家学派的代表人物，先秦时代百家争鸣的集大成者。

荀况曾三次担任齐国稷下学宫的祭酒，两度出任楚兰陵令。晚年蛰居兰陵县著书立说，收徒授业，终老于斯，被称为“后圣”。荀况批判地接受并创造性地发展了儒家正统的思想和理论，主张“礼法并施”，提出“制天命而用之”的人定胜天的思想；反对鬼神迷信，提出性恶论，重视习俗和教育对人的影响，并强调学以致用。

《荀子》是中国历史上一部伟大的著作。荀况适应时代的要求，批判吸收了各家之长，成为战国后期一位集大成的思想家。荀况还整理传承了《诗经》《尚书》《礼》《乐》《易》《春秋》等儒家典籍，是继孔子、孟子之后的一位儒学大师，为保存、传播儒家思想文化作出巨大贡献。

荀况总结百家争鸣的理论成果和自己的学术思想，提出先秦时期完备的朴素唯物主义哲学体系，他的思想在以后2000多年封建社会的发展中潜移默化地产生着影响。

二、《荀子》名句选编、翻译、注释及点评

教育之道

【名句】

学不可以已。青，取之于蓝而青于蓝；冰，水为之而寒于水。(《荀子·劝学》/1)

【翻译】

学习是没有止境的。靛青是从蓼蓝中提炼出来的，但比蓼蓝还青；冰是由水凝固而成的，但比水更寒冷。

【注释】

青：靛青，一种染料。

蓝：蓼蓝草，其叶可以做蓝色染料。

【点评】

青出于蓝而胜于蓝。学习是没有止境的，要敢于超越父母，超越师长，超越前人。

【名句】

不积跬步，无以至千里；不积小流，无以成江海。（《荀子·劝学》/5）

【翻译】

不从一步半步开始积累，就不能达到千里；不聚集小的水流，就不能汇成江海。

【注释】

跬（kuǐ）：半步。

【点评】

“不积跬步，无以至千里；不积小流，无以成江海。”这是亘古名句。学习、做事，都应注重积累，努力为之，才能有所成就。

【名句】

骐骥一跃，不能十步；驽马十驾，功在不舍。锲而舍之，朽木不折；锲而不舍，金石可镂。（《荀子·劝学》/5）

【翻译】

千里马跃一下，不会超过十步；驽马跑上十天也能达到千里，它的成功在于不放弃。用刀刻东西，如果一会儿就停止，就是朽木也不能刻断；如果不停地刻下去，那么金石也可刻透。

【注释】

骐骥：骏马。

驽：劣马。

驾：一天的行程。

【点评】

“锲而不舍，金石可镂。”这句说明坚持不懈，永不放弃，一切困难都能克服，一切问题终将迎刃而解。

【名句】

不登高山，不知天之高也；不临深溪，不知地之厚也。（《荀子·劝学》/1）

【翻译】

不登上高山，就不知道天有多高；不亲临深谷，就不知道地有多深厚。

【点评】

“不登”“不临”，就不知道山高与谷深。不深入实际，就不知道事物的本来面目。

【名句】

生而同声，长而异俗，教使之然也。（《荀子·劝学》/1）

【翻译】

人生下来哭声相同，但长大后习惯风俗却不同，这是后天教育的结果。

【注释】

使之然：使他们这样。

【点评】

“教使之然”，是所受教育的不同使他们这样。可见教育多么重要，有什么样的教育就会有什么样的结果。

【名句】

木受绳则直，金就砺则利。(《荀子·劝学》/1)

【翻译】

木料经过墨绳比对就能裁直，金属刀具经过磨刀石的磨砺就能锋利。

【注释】

绳：指木匠裁弯取直的墨绳。

则：就，接近。

砺：磨刀石。

利：锋利。

【点评】

“木受绳则直，金就砺则利。”这句话以墨绳与木料、刀具与磨刀石的关系为喻，说明人接受教育的重要性。

【名句】

蓬生麻中，不扶而直。(《荀子·劝学》/3)

【翻译】

蓬蒿生长在众麻之中，不必扶持也能长得笔直。

【注释】

蓬：指蓬蒿之类的植物。

【点评】

“蓬生麻中，不扶而直。”这句话以蓬麻作比喻，说明一个人如果在好的环境中熏陶，自然能够健康成长。

【名句】

目不能两视而明，耳不能两听而聪。（《荀子·劝学》/5）

【翻译】

眼睛是不能同时看两种东西而看得清楚的，耳朵是不能同时听两种声音而听得清楚的。

【注释】

明：眼睛亮。

聪：耳朵好。

【点评】

这句话以观物、听音为喻，说明学习要专心致志才能取得良好的效果。

少而劝学

【名句】

少而不学，长无能也；老而不教，死无思也。（《荀子·法行》/494）

【翻译】

年少时不学习，长大后就会没有能力；年老时不教育子女，死了以后就无人思念。

【注释】

无思：无人思念。

【点评】

“少而不学，长无能也”，少年时代不学习，长大后就会没有能力。此句意在劝勉世人年少之时要好学上进，年长之时才有长远眼光，如果“不学”，就没有能力，就不能为社会作贡献。

【名句】

求之而后得，为之而后成，积之而后高，尽之而后圣。（《荀子·儒效》/110）

【翻译】

追求了才能得到，不断实践才能有所成就，不断积累才能提高，不断自我完善才能成为圣人。

【点评】

只有“求之”“为之”“积之”“尽之”，才能“后得”“后成”“后高”“后圣”。这句话告诫人们，凡事必须经过不断的努力才能取得成功。

为人处世

【名句】

崇人之德，扬人之美，非谄谀也。（《荀子·不苟》/28）

【翻译】

尊崇别人的美德，褒扬别人的优点，并不是阿谀奉承。

【点评】

“崇人之德，扬人之美”，尊崇别人的美德，褒扬别人的优点，人就会不断进步，社会就会变得更加美好。

【名句】

凡事行，有益于理者立之，无益于理者废之，夫是之谓中事。（《荀子·儒效》/96）

【翻译】

大凡行事，有益于理就做，无益于理就不做，这就叫作正确地处理事情。

【点评】

“有益于理者立之，无益于理者废之”，一“立”，一“废”，是处世的行为准则。

【名句】

先义而后利者荣，先利而后义者辱。（《荀子·荣辱》/42）

【翻译】

以道义为先而以利益为后的就是光荣的，以利益为先而以道义为后的就是耻辱的。

【点评】

“先义”与“先利”，是为人处世的不同道德标准。唯有“先义而后利”，永远做好事，不做坏事，才能为世人称赞。

成败关键

【名句】

凡百事之成也，必在敬之，其败也，必在慢之。（《荀子·议兵》/236）

【翻译】

大凡事情的成功一定在于恭敬，失败一定在于怠慢。

【点评】

“敬”与“慢”，一字之差，是成败的关键。在世上要办成一件事，唯有敬业，别无他法。

爱的方法

【名句】

君子之于子，爱之而勿面，使之而勿貌，导之以道而勿强。(《荀子·大略》/434)

【翻译】

君子对于自己的孩子，爱他而不表现在脸上，重用他而不表现在言语上，用道理去引导他而不是强迫他服从自己的意愿。

【注释】

君子：此指善于教育孩子的人。

勿面：不表现在脸上。

使：使用，重用。

勿貌：不表现在言语上。

导：引导、教导。

勿强：不强迫。

【点评】

“勿面”“勿貌”“勿强”，爱他而不表现在脸上，重用他而不表现在言语上，教育他而不是强迫他服从自己的意愿，把爱藏在心中。这是一种高超、明智的教育方法。

三、《劝学》全文

君子曰：学不可以已。青，取之于蓝而青于蓝；冰，水为之而寒于水。木直中绳，𫐓以为轮，其曲中规，虽有槁暴，不复挺者，𫐓使之然也。故木受绳则直，金就砺则利，君子博学而日参省乎己，则知明而行无过矣。故不登高山，不知天之高也；不临深溪，不知地之厚也；不闻先王之遗言，不知学问之大也。干、越、夷、貉之子，生而同声，长而异俗，教使之然也。《诗》曰："嗟尔君子，无恒安息。靖共尔位，好是正直。神之听之，介尔景福。"神莫大于化道，福莫长于无祸。

吾尝终日而思矣，不如须臾之所学也；吾尝跂而望矣，不如登高之博见也。登高而招，臂非加长也，而见者远；顺风而呼，声非加疾也，而闻者彰。假舆马者，非利足也，而致千里；假舟楫者，非能水也，而绝江河。君子生非异也，善假于物也。南方有鸟焉，名曰蒙鸠，以羽为巢，而编之以发，系之苇苕，风至苕折，卵破子死。巢非不完也，所系者然也。西方有木焉，名曰射干，茎长四寸，生于高山之上，而临百仞之渊，木茎非能长也，所立者然也。蓬生麻中，不扶而直。白沙在涅，与之俱黑。兰槐之根是为芷，其渐之滫，君子不近，庶人不服，其质非不美也，所渐者然也。故君子居必择乡，游必就士，所以防邪辟而近中正也。

物类之起，必有所始。荣辱之来，必象其德。肉腐出虫，鱼枯生蠹。怠慢忘身，祸灾乃作。强自取柱，柔自取束。邪秽在身，怨之所构。施薪若一，火就燥也；平地若一，水就湿也。草木畴生，禽兽群焉，物各从其类也。是故质的张，而弓矢至焉，林木茂，而斧斤至焉，树成荫，而众鸟息焉，醯酸而蜹聚焉。故言有招祸也，行有招辱也，君子慎其所立乎！

积土成山，风雨兴焉；积水成渊，蛟龙生焉；积善成德，而神明自得，圣心备焉。故不积跬步，无以至千里；不积小流，无以成江海。骐骥一跃，不能十步；驽马十驾，功在不舍。锲而舍之，朽木不折；锲而不舍，金石可镂。蚓无爪牙之利，筋骨之强，上食埃土，下饮黄泉，用心一也；蟹六跪而二螯，非蛇鳝之穴无可寄托者，用心躁也。是故无冥冥之志者，无昭昭之明；无惛惛之事者，无赫赫之功。行衢道者不至，事两君者不容。目不能两视而明，耳不能两听而聪。螣蛇无足而飞，梧鼠五技而穷。《诗》曰："尸鸠在桑，其子七兮。淑人君子，其仪一兮。其仪一兮，心如结兮。"故君子结于一也。

昔者瓠巴鼓瑟而流鱼出听，伯牙鼓琴而六马仰秣。故声无小而不闻，行无隐而不形；玉在山而草木润，渊生珠而崖不枯。为善不积邪，安有不闻者乎？

学恶乎始？恶乎终？曰：其数则始乎诵经，终乎读礼；其义则始乎为士，终乎为圣人。真积力久则入，学至乎没而后止也。故学数有终，若其义则不可须臾舍也。为之，人也；舍之，禽兽也。故《书》者，政事之纪也；《诗》者，中声之所止也；《礼》者，法之大分、类之纲纪也。故学至乎《礼》而止矣。夫是之谓道德之极。《礼》之敬文也，《乐》之中和也，《诗》《书》之博也，《春秋》之微也，在天地之间者毕矣。

君子之学也，入乎耳，箸乎心，布乎四体，形乎动静，端而言，蝡而动，一可以为法则。小人之学也，入乎耳，出乎口。口耳之间则四寸耳，曷足以美七尺之躯哉！古之学者为己，今之学者为人。君子之学也，以美其身；小人之学也，以为禽犊。故不问而告谓之傲，问一而告二谓之囋。傲，非也；囋，非也。君子如向矣。

学莫便乎近其人。《礼》《乐》法而不说，《诗》《书》故而不切，《春秋》约而不速。方其人之习君子之说，则尊以遍矣，周于世矣。故曰：学莫便乎近其人。学之经莫速乎好其人，隆礼次之。上不能好其人，下不能隆礼，安特将学杂识志，顺《诗》《书》而已耳，则末世穷年，不免为陋儒而已。将原先王，本仁义，则礼正其经纬蹊径也。若挈裘领，诎五指而顿之，顺者不可胜数也。不道礼宪，以《诗》《书》为之，譬之犹以指测河也，以戈舂黍也，以锥餐壶也，不可以得之矣。故隆礼，虽未明，法士也；不隆礼，虽察辩，散儒也。问楛者勿告也，告楛者勿问也，说楛者勿听也，有争气者勿与辩也。故必由其道至，然后接之，非其道则避之。故礼恭而后可与言道之方，辞顺而后可与言道之理，色从而后可与言道之致。故未可与言而言谓之傲，可与言而不言谓之隐，不观气色而言谓之瞽。故君子不傲，不隐，不瞽，谨顺其身。《诗》曰："匪交匪舒，天子所予。"此之谓也。

百发失一，不足谓善射；千里跬步不至，不足谓善御；伦类不通，仁义不一，不足谓善学。学也者，固学一之也。一出焉，一入焉，涂巷之人也。其善者少，不善者多，桀、纣、盗跖也。全之尽之，然后学者也。君子知夫不全不粹之不足以为美也，故诵数以贯之，思索以通之，为其人以处之，除其害者以持养之，使目非是无欲见也，使耳非是无欲闻也，使口非是无欲言也，使心非是无欲虑也。及至其致好之也，目好之五色，耳好之五声，口好之五味，心利之有天下。是故权利不能倾也，群众不能移也，天下不能荡也。生乎由是，死乎由是，夫是之谓德操。德操然后能定，能定然后能应，能定能应，夫是之谓成人。天见其明，地见其光，君子贵其全也。

四、《荀子》的历史意义及现代价值

《荀子》是中国历史上一部伟大的著作，其思想博大精深，内容极为丰富，凡自然、社会、政治、经济、军事、哲学、教育、文学等皆有涉猎，堪称我国思想史上的一座丰碑。

荀况受齐国道家、法家影响，主张道德主义与功利主义相结合。荀况以国家为单位，讲公共利益，这是最值得肯定和发扬的地方。荀况提倡严明法治，从国家的层面讲，他所推崇的强力并不是维护君主个人私利的强力，他是希望为整个国家的富足服务。荀况提倡礼治，他认为只有以礼仪为本，法治才能奏效，这有利于提高个人道德修养。荀况主张道德信条的灌输，注重后天教育的作用，强调人的主观能动性。

《荀子》的开篇之作《劝学》，是一篇劝导人们以正确的目的、态度和方法去学习的优秀散文。文章以朴素的唯物主义为理论基础，旁征博引，娓娓说理，反映了先秦儒家在教育方面的某些正确观点，也体现了作为先秦诸子思想集大成者的荀况文章的艺术风格。《劝学》形象清新、脍炙人口，千百年来为人们传诵不衰。它把深奥的道理寓于大量浅显贴切的比喻之中，其中的比喻灵巧多样、运用自如。阐述观点，论证道理，有的从正面设喻，如“积土成山，风雨兴焉；积水成渊，蛟龙生焉；积善成德，而神明自得，圣心备焉”；有的从反面设喻，如“不积跬步，无以至千里；不积小流，无以成江海”；有的单独设喻，有的连续设喻；有的同类并列，有的正反对照；有的只设喻而把道理隐含其中，有的先设喻再引出要说的道理。《劝学》在写作上的再一个特点是大量运用短句排比和正反对比。鲜明的对比，强烈的反衬，增强了说理的分量。整齐而又富于变化的句式，使文章显得错落有致，生气勃勃。

《荀子》全文详尽严谨，擅长用多样化的比喻阐明深刻的道理，这一切构成了《荀子》的特色。《荀子》警句迭出，耐人咀嚼，充满睿智和永恒的价值。

（本篇中引用的《荀子》原文均摘自以下图书：荀子 [M]．方勇，李波，译注．北京：中华书局，2015 年第 2 版．）

颜之推与《颜氏家训》

一、颜之推与《颜氏家训》简介

颜之推（531—约595），字介，原籍琅邪临沂（今属山东省临沂市），世居建康（今南京市）。南北朝著名学者、文学家。生于士族官僚家庭，他博览群书，辞采华茂，得梁湘东王赏识，19岁就被任为湘东王国左常侍。梁亡，仕于北齐，历20年，官至黄门侍郎。577年，北齐为北周所灭，他被征为御史上士。581年，隋灭北周，他又于隋文帝开皇年间被召为学士。颜之推自叹，"三为亡国之人"，身仕四朝，屡经世变。

《颜氏家训》是中国古代优秀的家庭教育著作，享"古今家训，以此为祖"的美誉。《颜氏家训》共二十篇：序致、教子、兄弟、后娶、治家、风操、慕贤、勉学、文章、名实、涉务、省事、止足、诫兵、养生、归心、书证、音辞、杂艺、终制。

颜之推在《颜氏家训·序致篇》篇里阐明了写作这本"家训"的目的：将自己一生的经验和心得系统地整理出来，传给子孙后代，以保持自己家庭的传统与地位，并希望对子孙后人有所帮助。

《颜氏家训》是一部系统、完整的家庭教育教科书，是作者关于立身、治家、处事、为学的经验总结，在中国的家庭教育发展史上影响巨大。

二、《颜氏家训》名句选编、翻译、注释及点评

家风家教

【名句】

吾家风教，素为整密。昔在龆龀，便蒙诱诲；每从两兄，晓夕温凊。规行矩步，安辞定色，锵锵翼翼，若朝严君焉。（《颜氏家训·序致篇》/4）

【翻译】

我家的门风家教，向来严整周密。在我还小的时候，就受到引导教诲。每天跟随两位兄长，早晚侍奉双亲，冬日暖被，夏天扇席，做事循规蹈矩，神色安详，言语平和，走路小心恭敬，行为举止小心翼翼，好似拜见尊严的君王一样。

【注释】

风教：门风家教。

龆龀（tiáo chèn）：儿童垂髫换齿时，指童年。龆，通

“髫”，指儿童下垂的头发。

温凊（qìng）：冬暖夏凉。温，温被使暖；凊，扇席使凉。

锵锵翼翼：行走时恭敬有礼，行为举止小心翼翼。

【点评】

门风家教，从“晓夕温凊”，早晚侍奉双亲开始。平时做事循规蹈矩，行为举止小心翼翼；说话神色安详，言语平和。

【名句】

吾见世间，无教而有爱，每不能然；饮食运为，恣其所欲，宜诫翻奖，应呵反笑，至有识知，谓法当尔。（《颜氏家训·教子篇》/8）

【翻译】

我见到世上有些父母，对子女不讲教育，而只是一味溺爱，常常不以为然。他们对子女的饮食行为，总是任其为所欲为，该告诫阻止的反而夸奖鼓励，该斥责的反而和颜悦色。那么到孩子长大以后，就会认为理应如此。

【注释】

运为：行为。

【点评】

“无教而有爱”“饮食运为，恣其所欲”，这是当前家庭教育中出现的极为危险的倾向，是富起来的中国人要特别警惕的现象。

勤勉惜时

【名句】

观天下书未遍，不得妄下雌黄。（《颜氏家训·勉学篇》/137）

【翻译】

如果没有读遍天下的书籍，就不可以妄下结论。

【注释】

雌黄：一种矿物，可做颜料或退色剂。古人校书时常用雌黄涂改文字，后世称乱改文字、乱发议论为妄下雌黄。

【点评】

做学问应认真谨慎，“不得妄下雌黄”。

【名句】

自古明王圣帝犹须勤学，况凡庶乎！（《颜氏家训·勉学篇》/97）

【翻译】

自古以来的贤王圣帝，还需要勤奋学习，何况是普通百姓呢！

【点评】

任何人都要勤奋学习。

【名句】

夫所以读书学问，本欲开心明目，利于行耳。（《颜氏家训·勉学篇》/106）

【翻译】

人之所以读书做学问，本意在于使心胸开阔、使眼睛明亮，以有利于自己的行动。

【点评】

读书的目的在于应用。

【名句】

夫学者贵能博闻也。（《颜氏家训·勉学篇》/130）

【翻译】

求学的人都以见闻广博为贵。

【点评】

“博闻”，学者的可贵之处。

【名句】

有学艺者，触地而安。（《颜氏家训·勉学篇》/99）

【翻译】

那些有学问、有手艺的人，走到哪里都可以安居。

【点评】

此句强调学问与技术的重要性。

【名句】

不得以有学之贫贱，比于无学之富贵也。（《颜氏家训·勉

学篇》/102）

【翻译】

我们不能将有学问的贫穷之士，与没有学问的富贵之人相比。

【点评】

学问永远都是重要的，“有学之贫贱”与“无学之富贵”是不能相提并论的。

【名句】

积财千万，不如薄伎在身。（《颜氏家训·勉学篇》/101）

【翻译】

积累千千万万的家产，比不上学会一项技艺。

【注释】

伎：技艺，才能。

【点评】

提倡自立，重视技术教育。

【名句】

夫学者犹种树也，春玩其华，秋登其实；讲论文章，春华也，修身利行，秋实也。（《颜氏家训·勉学篇》/109）

【翻译】

学习就像种树一样，春天可以观赏花朵，秋天可以摘取果实；讲论文章，就好比赏识春花，涵养德行，以利于事，就好比摘取秋天的果实。

【注释】

修身利行：涵养德行，以利于事。

【点评】

有一分耕耘，就有一分收获。

【名句】

古人勤学，有握锥投斧，照雪聚萤，锄则带经，牧则编简，亦为勤笃。（《颜氏家训·勉学篇》/120）

【翻译】

古代的人非常勤奋好学。有用锥子刺大腿防止瞌睡的苏秦；有投斧于高树下决心到长安求学的文党；有在夜间靠雪地反光勤读的孙康；有用袋子收聚萤火虫照读的车胤；汉代的倪宽、常林耕种时也不忘带上经书；还有路温舒，在放牧时就摘蒲草截成小简，用来写字；他们都是勤奋学习的人。

【点评】

如以优秀者为榜样，勤奋好学，必定能有所成。

严慈并用

【名句】

父母威严而有慈，则子女畏慎而生孝矣。（《颜氏家训·教子篇》/8）

【翻译】

父母在子女面前有威严而又能关怀爱抚他们，子女就会对父母敬畏谨慎，从而产生孝心。

【点评】

“严”与“慈”相结合，即严慈并用，乃家教之道。

【名句】

父子之严，不可以狎；骨肉之爱，不可以简。简则慈孝不接，狎则怠慢生焉。（《颜氏家训·教子篇》/11）

【翻译】

父子之间应该讲究严肃，不可以过分亲昵；骨肉之间要有爱，不可以简略而不拘礼节。不拘礼节就不能做到父慈子孝，过分亲昵就会使子女对父母产生放肆不敬的心态。

【注释】

狎（xiá）：亲近而不庄重。

【点评】

做父亲的应该像老师那样，有一定的权威，保持一定的尊严。只有这样，才能进行有效的教育。

【名句】

有偏宠者，虽欲以厚之，更所以祸之。(《颜氏家训·教子篇》/14)

【翻译】

那些偏宠孩子的人，虽然本意是想以自己的爱厚待他，却反而因此害了他。

【点评】

对孩子的教育不能偏宠，要一视同仁，孩子才能健康成长。

正己正人

【名句】

夫风化者，自上而行于下者也，自先而施于后者也。是以父不慈则子不孝，兄不友则弟不恭，夫不义则妇不顺矣。(《颜氏家训·治家篇》/32)

【翻译】

感化教育这件事，是由上向下推行的，是前人影响后人的。如果做父亲的不慈爱，子女就不会孝顺；做兄长的不友爱，弟弟就不会恭敬；丈夫不讲情义，妻子就不会温顺。

【注释】

风化：风俗教化。

【点评】

在处理家庭成员关系方面，作为尊长，应当正人先正己，以身作则，起表率作用。

【名句】

夜觉晓非，今悔昨失。(《颜氏家训·序致篇》/4)

【翻译】

夜晚察觉清晨时犯的错误，今天悔恨昨天犯下的过失。

【点评】

自我反省，才能不断进步。

选邻择友

【名句】

与善人居，如入芝兰之室，久而自芳也；与恶人居，如入鲍鱼之肆，久而自臭也。(《颜氏家训·慕贤篇》/87)

【翻译】

和德行好的人住在一起，就像进入开满兰花的房间，久而久之自己也满身芳香；和德行不好的人住在一起，就像生活在卖咸鱼的铺子里，久而久之自己也满身臭气了。

【点评】

环境对人有着重大的影响，交友必须慎重。

勤俭节约

【名句】

俭者，省约为礼之谓也；吝者，穷急不恤之谓也。今有施则奢，俭则吝；如能施而不奢，俭而不吝，可矣。（《颜氏家训·治家篇》/33）

【翻译】

节俭，是指合乎礼制的节省；吝啬，是对困难危急的人也不救助体恤。当今常有舍得施舍的人就奢侈无度，节俭的人又吝啬小气。如果能够做到施舍于他人而自己又不奢侈，能勤俭节约而又不吝啬，那就很好了。

【点评】

"施而不奢，俭而不吝"是做人的行为准则。

生命价值

【名句】

夫生不可不惜，不可苟惜。（《颜氏家训·养生篇》/206）

【翻译】

生命不能不珍惜，也不能以不正当手段去爱惜。

【注释】

苟惜：以不正当手段去爱惜。

【点评】

生命可贵，要爱护生命，但又要有杀身成仁、舍生取义的勇气。“生不可不惜，不可苟惜”，这是朴素的生命教育观。

提倡早教

【名句】

人生小幼，精神专利，长成已后，思虑散逸，固须早教，勿失机也。（《颜氏家训·勉学篇》/110）

【翻译】

人在幼小时候，精神专注敏锐，长大以后，思想复杂，容易分散，因此，对孩子应及早教育，不可错失良机。

【注释】

专利：专注集中。

【点评】

这是颜之推的早教理论。人在幼小时候，精神专一，感觉敏锐，容易教育，因此，应抓紧早期的教育和训练，这有利于形成良好的习惯。长大了，思想复杂，容易分散，感受迟钝，就难以教育。他强调早教和形成良好习惯的极端重要性。

【名句】

当及婴稚，识人颜色，知人喜怒，便加教诲，使为则为，使止则止。(《颜氏家训·教子篇》/8)

【翻译】

应该在婴幼儿能看懂大人的脸色，懂得大人的喜怒时，就对他加以教育，做到大人允许他做才做，不允许他做就立刻停止。

【点评】

早教应从婴儿“识人颜色，知人喜怒”开始，越早越好。

【名句】

教妇初来，教儿婴孩。(《颜氏家训·教子篇》/8)

【翻译】

教导媳妇要趁初入家门时，教育儿子要及早。

【点评】

教育儿童要及早，就像教育媳妇要趁初入家门时一样，比喻形象具体。

【名句】

幼而学者，如日出之光，老而学者，如秉烛夜行，犹贤乎瞑目而无见者也。（《颜氏家训·勉学篇》/110）

【翻译】

从小就坚持学习的人，就像太阳刚升起时的光芒；到老年才开始学习的人，就像手持着蜡烛在夜间行走，但总比闭上眼睛什么都看不见的人强。

【点评】

学习是终身的，“幼而学者，如日出之光”，应趁年幼的大好时光抓紧学习；“老而学者，如秉烛夜行”，人应该活到老学到老，在网络时代更是如此。

【名句】

骄慢已习，方复制之，捶挞至死而无威，忿怒日隆而增怨，逮于成长，终为败德。（《颜氏家训·教子篇》/8）

【翻译】

到孩子骄傲怠慢已经成为习惯时，才开始去加以制止，纵使鞭打得再狠毒也树立不起威严，再愤怒也只会增加怨恨，等到孩子长大成人，最终成为品德败坏的人。

【点评】

家教应早。不早教，“终为败德”，那是很可悲的事。

倡导胎教

【名句】

古者，圣王有胎教之法：怀子三月，出居别宫，目不邪视，耳不妄听，音声滋味，以礼节之。(《颜氏家训·教子篇》/8)

【翻译】

古时候，圣贤的君王有胎教的做法，妇女怀孕三个月的时候，要住到专门的房子里，眼睛不能看不该看的东西，耳朵不能听胡言乱语，听音乐或享用美味，都要按照礼仪加以节制。

【点评】

颜之推对“胎教”的提法是科学的，现代医学研究表明，环境对胎儿的发育起着至关重要的作用。

婚姻素对

【名句】

婚姻素对，靖侯成规。近世嫁娶，遂有卖女纳财，买妇输绢，比量父祖，计较锱铢，责多还少，市井无异。或猥婿在门，或傲妇擅室，贪荣求利，反招羞耻，可不慎欤！（《颜氏家训·治家篇》/41）

【翻译】

婚姻要找清白人家，这是先祖靖侯立下的规矩。近代嫁娶，就有接受彩礼“出卖”女儿，运送绢帛“买进”媳妇的，这些人比量算计对方父辈祖辈的权势地位，计较对方彩礼的多寡，都想索取多而回报少，这和小商贩没有什么区别。结果，有的门庭里弄来个下流女婿，有的人娶到专权的恶媳妇，因为贪荣求利，反而招来耻辱。对于这样的事，不能不慎重啊！

【注释】

素对：清白的配偶。

锱铢：锱、铢均为古代很小的计量单位，比喻微小的数量。

市井：指商贩。

【点评】

婚姻需慎重，反对“卖女纳财”“计较锱铢”“贪荣求利”，颜之推的这些观点在今天仍有积极的现实意义。

三、《颜氏家训》的历史意义及现代价值

颜之推的《颜氏家训》是中国古代优秀的家庭教育名篇。

颜之推注重道德教育。他认为立志尤为重要，只有确立远

大的志向、理想，才经得起任何磨难；只有坚持不懈，才能成就大业。他说："有志尚者，遂能磨砺，以就素业。"他教育子女以实行尧舜的政治思想为志向，继承世代家业，注重对气节的培养，不以依附权贵、屈节求官为生活目标。

颜之推提倡严格教育。他说："父母威严而有慈，则子女畏慎而生孝矣。"他认为善于教育子女的父母，把对子女的爱护和教育结合起来，便会收到良好的效果。相反，如果没有处理好两者的关系，"无教而有爱"，让孩子任性放纵，必将铸成大错。

颜之推博习广见。《颜氏家训》反复强调要好好读书，自求上进，贵在真知，不可自欺欺人。他指出："观天下书未遍，不得妄下雌黄。"他认为只有尽可能地扩大获取知识的范围，并将所学的知识进行比较、鉴别，才能更接近客观真理。他提倡既要博览群书，又要接触事务，借以培养自己的独立思考能力，所谓"博学求之，无不利于事也"。

颜之推勤勉惜时。他强调学习要刻苦钻研，勤勉努力，他列举了历史上许多动人事例，说明即使迟钝的人，只要勤学不倦，也可以达到精通和熟练的程度。同时，他认为人的一生都要学习，应珍惜时光。他说，早年学习"如日出之光"，前途无量；而"老而学者"，虽然如"秉烛夜行"，但总比"瞑目而无见"要好得多。

颜之推提倡早教。"人生小幼，精神专利。"他认为孩子小时候，思想单纯，精神专注，感觉敏锐，记忆力旺盛，可塑性很强，"固须早教"。有条件的还应实行胎教。

颜之推注重环境习染。他认为家庭教育要注意选邻择友，提倡“与善人居”而不“与恶人居”。这是因为儿童的好奇心和模仿性都很强，总在观看别人的一举一动，无形之中，周围的人给孩子潜移默化的影响很大。

颜之推并无赫赫之功，也未列显官之位，却因一部《颜氏家训》而享千秋盛名，由此可见其家训的深远影响。现代著名史学家范文澜在《中国通史简编》中指出，“他是当时南北朝最通博最有思想的学者……《颜氏家训》二十篇就是这些见解的记录。《颜氏家训》的佳处在于立论平实。平而不流于凡庸，实而多异于世俗，在南方浮华北方粗疏的气氛中，《颜氏家训》保持平实的作风，自成一家言，所以被看作处世的良轨，广泛地流传在士人群中”。

《颜氏家训》中有很多名言警句流传至今，在今天仍有积极的现实意义。不过，《颜氏家训》毕竟是封建时代的产物，书中对明哲保身的说教，对佛教因果报应的迷信宣传等，有望读者鉴别。

（本篇中引用的《颜氏家训》原文均摘自以下图书：檀作文．颜氏家训［M］．北京：中华书局，2007.）

司马光与《温公家范》

一、司马光与《温公家范》简介

司马光（1019—1086），字公实、君实，号迂夫，晚号迂叟。北宋陕州夏县涑水乡（今山西省夏县）人，出生于河南省信阳市光山县，世称涑水先生。卒赠太师、温国公，谥文正。北宋政治家、文学家、史学家。历仕仁宗、英宗、神宗、哲宗四朝。司马光为人温良谦恭，刚正不阿，人格高尚，历来受人景仰。

司马光著述甚丰，其中两部著作最为突出：一部是《资治通鉴》，它是一部规模空前的编年体通史巨著，后世的君臣将相没有不读的；另一部就是《温公家范》，是司马光晚年的著作，历代推崇为家教的范本，系统提出修身、齐家、治国的思想。

司马光的父亲司马池是一位胸怀大志的知识分子，他专心读书，锐意进取。生司马光时他已51岁，但他对这个老来幼子并不溺爱，教育很严格，从小注意在各方面培养儿子。司马光的母亲聂氏，也是一位知书达理、才德俱佳的女子。司马光在严父慈母的直接影响和教育下，度过了自己的少年时代。司马光6岁开始读书。父亲告诉他：读书不能只是机械地背诵，还要勤于思考，弄懂意思，诵读与理解并重。父亲不仅关心他的学业，而且在做人上严格要求，以培养他的优秀品格。司马光五六岁时，有一次要给核桃去皮，他不会剥，姐姐想帮他，但也去不掉皮，姐姐就先行离开了。后来一个女仆把核桃放在开水里烫了一下，皮很容易就剥了下来。姐姐回来，便问："谁帮你剥下来的？"他说是自己剥的。当时父亲在后面，知道真实情况，便训斥他："你怎敢说谎！"父亲的教育，对年幼的司马光影响深远，从此他再不敢说谎。年长之后，他还把这件事写到纸上，以激励自己，一直到死，没有说过谎言。清人陈宏谋说："司马光一生以至诚为主，以不欺为本。""诚"字是后人对司马光盖棺定论之语。

二、《温公家范》名句选编、翻译、注释及点评

治其国者，先齐其家

【名句】

父父，子子，兄兄，弟弟，夫夫，妇妇，而家道正。正家

而天下定矣。[①]

【翻译】

父亲要像个父亲的样子，儿子要像个儿子的样子，兄长要像个兄长的样子，弟弟要像个弟弟的样子，丈夫要像个丈夫的样子，妻子要像个妻子的样子，这样家道就端正了。如果都能正其家，天下也就安定了。

【注释】

父父：前一个“父”为名词，后一个“父”为动词。意为父亲守住父亲的本分，像个父亲的样子。后文的“子子”“兄兄”……解释相同。

定：安定。

【点评】

“正家而天下定”，治家何等重要！

【名句】

古之欲明明德于天下者，先治其国；欲治其国者，先齐其家；欲齐其家者，先修其身；欲修其身者，先正其心；欲正其心者，先诚其意；欲诚其意者，先致其知。[②]

【翻译】

古代那些想在天下彰明德行的人，必须治理好国家；想治理好国家，必须先管理好家庭；想管理好家庭，必须先提高

---

① 引自《温公家范·治家》，第5页，原句引自《周易》。
② 引自《温公家范·治家》，第8页，原句引自《大学》。

自己的修养；想提高自己的修养，必须先端正自己的心思；想端正自己的心思，必须先有一个诚恳的态度；想有诚恳的态度，必须先有知识；想获得知识，就必须去探求事物的原理。

【注释】

明明德：第一个“明”是动词，作“彰明”解；“明德”是名词，作“光明的品德”解。明明德，彰明光明的品德。

治其国：把国家治理好。

齐其家：把家庭治理好。

正其心：端正内心，使之无邪念。

致其知：获取那些知识。

【点评】

司马光引用《大学》中关于家庭、国家、天下三者关系的论述，强调“欲治其国者”，必“先齐其家”这一观点，说明家庭教育的重要性。

【名句】

所谓治国必先齐其家者，其家不可教而能教人者，无之。故君子不出家而成教于国。孝者，所以事君也；弟者，所以事长也；慈者，所以使众也。（《温公家范 · 治家》/8）

【翻译】

所谓想治理好国家必须先管理好自己的家，连家都管理不好，而想去教化他人，这是不可能的。所以君子不出家门就把好的德行推广到全国，这是因为在家里体现了子女要侍奉父母亲，弟弟要侍奉兄长，在家对孩子尽慈道，到外面才知道如何统治民众。

【点评】

“其家不可教而能教人者，无之”，连家都管理不好，而想去治理国家，这是不可能的。“无之”，表达了坚定的信念。

义方训子，礼法齐家

【名句】

为人祖者，莫不思利其后世。然果能利之者，鲜矣。何以言之？今之为后世谋者，不过广营生计以遗之：田畴连阡陌，邸肆跨坊曲，粟麦盈囷仓，金帛充箧笥，慊慊然求之犹未足，施施然自以为子子孙孙累世用之莫能尽也。然不知以义方训其子，以礼法齐其家。自于数十年中勤身苦体以聚之，而子孙于时岁之间，奢靡游荡以散之，反笑其祖考之愚，不知自娱；又怨其吝啬，无恩于我，而厉虐之也。（《温公家范·祖》/31）

【翻译】

作为先祖，没有不希望能够造福于后代的。可是真能造福于后代的却很少。为什么这样说呢？因为如今为后代谋利益的那些人，只懂得多积钱财留给后代儿孙。田地连阡陌，商铺遍布街巷，粮食堆满仓库，财物塞满箱子，仍然觉得不够，还在苦心谋求。这样他们心里就怡然自得，自以为子子孙孙世世代代都享用不尽了。但是这些祖辈却不懂得更重要的是用做人的道理来教育子孙，也不懂得用礼法来管理家庭。他们自己几十年辛勤劳作所积累起来的财富，却被那些没有教养的子孙在短时间内就挥霍殆尽。子孙们反过来讥笑祖辈们愚蠢，不会享受，还埋怨祖辈吝啬小气，曾经对自己不好，虐待了自己。

【注释】

田畴连阡陌（qiān mò）：耕地宽广。阡陌，田间小路。

邸（dǐ）肆跨坊曲：商铺遍布街巷。邸，高级的住所；肆同“四”；坊曲，市街里巷的通称。

粟麦盈囷（qūn）仓：粮食堆满了仓库。囷仓，贮藏粮食的仓库，圆者为囷，方者为仓。

金帛充箧笥（qiè sì）：财物、衣服塞满了大小箱子。箧，小箱；笥，装衣服之类的竹器。箧笥，泛指大小箱子。

慊慊（qiàn）然：恨恨不满的样子。

施施然：徐徐而行，得意的样子。

累（lěi）世：一代接连一代。

义方：做人的正道，后多指家教方面的道理。

【点评】

司马光倡导“以义方训其子，以礼法齐其家”。因为只有用做人的道理来教育子孙，用礼法来管理家庭，而不是只把田地、商铺、粮食、财物等物质的东西留给子孙，这样子孙后代才能明白道理，经营好家庭。

【名句】

父慈而教，子孝而箴，兄爱而友，弟敬而顺，夫和而义，妻柔而正，姑慈而从，妇听而婉，礼之善物也。（《温公家范·治家》/13）

【翻译】

父亲对子女态度慈祥而且能够加以教育，子女对父母孝顺且能规劝其过错；兄长对弟弟爱护而且友善，弟弟对兄长敬重而又顺从；丈夫对妻子和气，妻子对丈夫温柔；婆婆对媳妇慈爱，媳妇听命而又温婉。这一切是礼法中最规范的现象。

【注释】

箴：规劝、教育。

姑：婆婆，丈夫的母亲。

慈：本指父母的爱，后引申为更大范围的怜爱。

从：舒缓，不急迫。

【点评】

司马光要求所有家庭成员必须做到长幼有序，各安其分，各尽其责，这样家庭才会和谐友善。

【名句】

苟能相与忍之，则常睦雍矣。（《温公家范·治家》/21）

【翻译】

倘若家人都能够互相忍让，那么家族成员就能和睦相处，整个家族也能长盛不衰了。

【注释】

睦雍：感情和睦，言语和谐。

【点评】

“相与忍”，家人能够互相忍让，是家庭和睦之道。

【名句】

《内则》：“子能食食，教以右手。能言，男唯女俞。”（《温公家范·父》/41）

【翻译】

《礼记·内则》说：“孩子会自己吃饭的时候，父母要教给他用右手拿筷子。会说话的时候，要教他们应答，男孩答‘唯’，女孩答‘俞’。”

【注释】

食（sì）食（shí）：吃东西。

唯（wéi）：答应声。

俞（yú）：答应声。

【点评】

懂得应答，是起码的礼节。是男孩要教他发有力的声音，是女孩则教她使用温柔的语声。

单箭易折，众箭难断

【名句】

单者易折，众者难摧。戮力一心，然后社稷可固。（《温公家范·治家》/24）

【翻译】

一支箭很容易折断，许多的箭在一起，就难以折断。只有你们勠（注：《现代汉语词典》第 7 版中作“勠”，本书以此为准，下同。）力同心，国家才可以稳固。

【点评】

“勠力一心”，团结就是力量。

疼爱孩子，教他成人

【名句】

夫爱之，当教之使成人。爱之而使陷于危辱乱亡，乌在其能爱子也？人之爱其子者，多曰：“儿幼，未有知耳，俟其长而教之。”是犹养恶木萌芽，曰“俟其合抱而伐之”，其用力顾不多哉！（《温公家范·父》/41）

【翻译】

爱子女，就应当教育他们，培养他们成才。疼爱他们却让他们走上邪路，又怎能算得上疼爱呢？疼爱子女的那些人常说："孩子小，不懂事，等他们长大后再教育他们。"这就好比种了一棵不正的树苗，说想等到树木长大后再来修剪它，那样岂不是费力更多！

【注释】

俟：等到。

顾：反而，岂。

【点评】

"夫爱之，当教之使成人"，点明了"爱"与"成人"的关系，并用植树作比喻，说明幼儿期"教之"的重要性。

爱而不教，反害其子

【名句】

为人母者，不患不慈，患于知爱而不知教也。（《温公家范·母》/52）

【翻译】

作为母亲，不怕不慈祥，怕的是只知道疼爱子女而不懂得如何教育子女。

【点评】

"知爱而不知教"，这是家庭教育的一大误区。这在今天尤为突出，大家可要警惕啊！

【名句】

古人有言曰："慈母败子。"爱而不教，使沦于不肖，陷于大恶，入于刑辟，归于乱亡。非他人败之也，母败之也。(《温公家范·母》/52)

【翻译】

古人言："母亲溺爱子女教出败家的孩子。"爱却不能教育子女，使子女沦为坏人，陷入恶迹劣行，最终受到惩罚，引出祸乱，自取灭亡。毁他的并非他人，恰恰是做母亲的害了他。

【注释】

败子：使子败坏。

刑辟（bì）：刑，刑罚；辟，法。

乱亡：动乱灭亡。

【点评】

"慈母败子"，只爱不教，就会毁掉孩子，要警惕啊！

孝顺恭敬，行为准则

【名句】

《孝经》曰："夫孝，天之经也，地之义也，民之行也。天地之经，而民是则之。"①

---

① 引自《温公家范·子》，第72页，原句引自《孝经》。

【翻译】

《孝经》说："孝顺，就像天上日月运行一样是永恒的规律，也像地上万物生长一样是不变的法则，更是天下民众的行为准则。天地间的规律，民众以此为法则。"

【注释】

则：规则，准则。

【点评】

司马光将"孝顺"比作天上日月运行的规律，是天下民众的行为准则，可见孝顺的极端重要性。

【名句】

《经》曰："孝子之事亲也。居则致其敬，养则致其乐，病则致其忧，丧则致其哀，祭则致其严。"[①]

【翻译】

《孝经》说："孝子侍奉父母亲，平日家居要做到恭敬，赡养父母要让父母得到快乐，父母生病了就要为其忧虑，父母去世就十分哀痛，祭祀父母时要非常严肃。"

【注释】

居则致其敬：平日家居要做到以恭敬之心对待。

【点评】

孝顺父母，就得"致其敬""致其乐""致其忧""致其哀""致其严"，这是爱父母、孝顺父母的具体表现。

① 引自《温公家范·子》，第72页，原句引自《孝经》。

【名句】

孔子曰："今之孝者，是谓能养。至于犬马，皆能有养。不敬，何以别乎？"[①]

【翻译】

孔子说："如今的所谓孝子，仅仅称得上是能够赡养父母。但是狗和马，不也是被养着吗？如果赡养父母不恭敬，那么这与养狗养马又有什么区别呢？"

【点评】

恭敬，是人与动物的根本区别；"不敬"，就谈不上孝。

【名句】

为人子者，出必告，反必面。所游必有常，所习必有业，恒言不称老。[②]

【翻译】

为人之子，出门前必须向父母告辞，回家后必须向父母问安。出游必须有规矩，学习必须有所立业，日常说话不能摆老资格。

【注释】

反必面：回家后必须向父母问安。反，同"返"；面，见面。

恒言不称老：日常说话不能摆老资格。恒言，日常说话；称老，以老自称。

---

① 引自《温公家范·子》，第72页，原句引自《论语》。
② 引自《温公家范·子》，第73页，原句引自《礼记》。

【点评】

“必告”“必面”“必有常”“必有业”“不称老”，做人必须孝顺谦虚。

俭入奢易，奢入俭难

【名句】

贤而多财，则损其志；愚而多财，则益其过。[①]

【翻译】

贤能的人，财产多了也会使他们觉得有依赖而丧失奋发向上的志向；愚蠢的人，财产多了更会因为放纵而增添他们的过失。

【点评】

警惕啊，富起来的人们，财多会“损其志”“益其过”。

【名句】

人情由俭入奢则易，由奢入俭则难。（《温公家范·祖》/33）

【翻译】

人之常情一般都是由俭朴转向奢侈容易接受，由奢侈转为俭朴就很难适应。

① 引自《温公家范·祖》，第32页，原句引自《资治通鉴》。

【点评】

由俭入奢易，由奢入俭难，我们要永远保持俭朴的作风。

孟母三迁，环境育人

【名句】

夫习与正人居之，不能毋正。①

【翻译】

每天和正人君子在一起，自然会成为正人君子。

【注释】

毋：无。

【点评】

“与正人居”，则有可能成为正人。环境很重要，近朱者赤，近墨者黑，父母要给孩子提供“与正人居”的环境。

【名句】

孟轲之母，其舍近墓。孟子之少也，嬉戏为墓间之事，踊跃筑埋。孟母曰：“此非所以居之也。”乃去。舍市傍，其嬉戏为衒卖之事。孟母又曰：“此非所以居之也。”乃徙舍学官之傍，其嬉戏乃设俎豆，揖让进退。孟母曰：“此真可以居子矣。”遂居之。（《温公家范·母》/52）

① 引自《温公家范·父》，第41页，原句引自汉朝贾谊《新书》。

【翻译】

孟轲家住在靠近墓地的地方，孟轲小时候就常玩些筑坟埋棺的游戏，而且玩得非常起劲。母亲就说：“此处不适合居住。”于是将家搬走。迁居到集市旁边，孟轲又以学习商贩吆喝叫卖为游戏。孟母又说：“这里也不适合居住。”又举家迁徙，搬到学校旁边的房舍里，这样孟子就玩些祭祀、揖让、进退等有关礼仪方面的游戏。孟母高兴地说：“这里才是居住的好地方。”于是就在这里安居。

【注释】

少：年少。

踊跃：热烈积极、争先恐后的样子。

筑埋：筑坟埋棺。

舍：宿舍，居住。

市傍（bàng）：市场附近。

衒（xuàn）卖：炫耀商品以兜售。

徙（xǐ）舍：迁移住所。

俎（zǔ）豆：祭祀用的器具。

揖（yī）让：古代宾主相见的礼节。

进退：行礼时进进退退的动作。

【点评】

《孟母三迁教子》的故事说明了环境对育人的重要性。为了孩子的健康成长，父母要为孩子提供良好的环境。

婚姻之道，以敬为美

【名句】

夫妇之际，人道之大伦也。《礼》之用，唯婚姻为兢兢。(《温公家范·妻》/189)

【翻译】

夫妻之间的道德关系，是人类社会道德规范的重要原则。对礼的运用，婚姻中最为谨慎。

【注释】

兢兢：小心谨慎的样子。

【点评】

婚姻必须谨慎，因为它是“人道之大伦也”。

【名句】

夫妇之际，以敬为美。(《温公家范·夫》/180)

【翻译】

夫妻之间的关系，应该以互相尊敬为美。

【点评】

“以敬为美”，是夫妻关系的行为准则。夫妻间互敬互爱，家庭必定和谐美满。

倡导胎教，优生优育

【名句】

君子谓大任能胎教。古者妇人任子，寝不侧，坐不边，立不跸，食不邪味，割不正不食，席不正不坐，目不视邪色，耳不听淫声。夜则令瞽诵诗道正事。如此，则生子形容端正，才艺博通矣。[①]

【翻译】

有才德的人认为妇女在怀孕的时候可以胎教。古代的妇女在怀孕的时候，睡觉不侧卧，不在靠边的地方坐，不一只脚站立，不吃乱七八糟的东西。食物切得不端正不吃，座席铺得不正不坐，眼睛不看不好的景色，耳朵不听淫荡的声音。晚上让盲人朗诵诗歌，谈论正事。这样，生下来的孩子则相貌体形端正，才能出众。

【注释】

任（rèn）子：怀孕。任，通“妊”。

坐不边：不侧身而坐。边，旁边。

跸（bì）：单足站立。

割不正不食：食物切割得不端正不吃。

瞽（gǔ）：瞎眼。

【点评】

司马光提出胎教的具体内容，认为只有从睡觉、坐姿、站

① 引自《温公家范·母》，第 52 页，原句引自《古列女传·周室三母》。

立、吃饭、视觉、听觉等方面加以规范，事事注意，生下的孩子相貌体形才端正，品行才出众。

【名句】

彼子尚未生也，固已教之，况已生乎！（《温公家范·母》/52）

【翻译】

人家的孩子还没有出生，就已经开始教育了，何况出生之后，更应抓紧教育！

【点评】

司马光提倡胎教，更强调后天家庭教育的重要性。

三、《温公家范》的历史意义及现代价值

司马光的《温公家范》，全书共十卷。书中引用了许多儒家经典中的治家修身格言、实例，为后人树立了治家修身的典范。司马光说："所谓治国必先齐其家者，其家不可教而能教人者，无之。"他把齐家提到治国的高度来认识，因此，司马光自己说，《温公家范》比《资治通鉴》更重要。

《温公家范》一书不仅从"治家"和"治国"的关系上论述了家庭教育的重要意义，也具体地论述了家庭教育的原则和方法，并且针对家庭成员在家庭中的不同地位提出了不同的要求。首先引证《易经》《大学》《孝经》中有关家范的论述，得

出“正家而天下定、礼为治家之本”的中心思想，然后分别对祖、父、母、子、女、夫、妻等家庭成员提出了详细的、符合封建社会需要和家庭需要的道德要求。司马光提出齐家的规范是：为人祖者，要“以义方训其子，以礼法齐其家”；为人父者，“夫爱之，当教之使成人”；为人母者，“不患不慈，患于知爱而不知教也”；为人子者，“夫孝，天之经也，地之义也，民之行也”。

司马光身上有很多故事为世人所熟知，如“砸缸救小孩”“剥核桃”“制警枕”“卖马”“恭敬兄长”等。透过这些故事，我们可以窥到他机智、诚实、坚忍、友爱、正直、孝顺的品德，而《温公家范》则是他受到良好的家庭教育同时潜心研究的结果。

司马光在为人父之后，十分注重对自己孩子的教育，他告诫儿子司马康：读书要认真，生活要俭朴，做事要踏实。司马光认为，想治理好国家必须先管理好自己的家，连家都管理不好，而想去治理国家，这是不可能的。在他的教育下，儿子司马康从小就懂得俭朴的重要性，并以俭朴自律，他历任校书郎、著作郎兼任侍讲，也以博古通今、为人廉洁和生活俭朴而称誉于后世。

《温公家范》全书语言精练，简明扼要，层次清晰，切实可行，被历代推崇为家教的范本，在今天仍有积极的现实意义。

（本篇中引用的《温公家范》原文均摘自以下图书：夏家善．温公家范［M］．王宗至，王微，注释．天津：天津古籍出版社，2016.）

曾国藩与《曾国藩家书》

一、曾国藩与《曾国藩家书》简介

曾国藩（1811—1872），初名子城，字伯涵，号涤生，谥文正，汉族，湖南湘乡人。晚清重臣，湘军的创立者和统率者，理学家、政治家、书法家，文学家。曾国藩 6 岁读书，28 岁中进士。初任翰林院检讨，一直到道光二十九年（1849 年）升礼部右侍郎，后兼任过兵、工、刑、吏各部侍郎等职。曾国藩在仕途上官运亨通，十年之中连升十级，并在京师赢得了较好的声望。他一生严于治军、治家、修身、养性，实践了立功、立言、立德的封建士大夫的最高追求，被后世视为道德修养的楷模。

曾国藩是中国近代史上最显赫和最有争议的人物之一，其生前毁誉参半。曾国藩因创建湘军镇压太平天国，号称“同治中兴”第一名臣；又因首倡洋务运动，为中国近代化建设之先驱，在中国近代史上有举足轻重的影响。著名革命家章太炎对曾国藩的评价最为客观，称曾国藩“誉之则为圣相，谳之则为元凶”。

曾国藩早年专精学问，学做圣贤，着实取得不少成绩，后从戎理政，也不失终有所成。

《曾国藩家书》是曾国藩的书信集，有近1500封家书，成书于清咸丰年间。《曾国藩家书》反映了曾国藩一生的主要活动和他治家、治学、治政、治军的主要思想，是研究曾国藩其人及这一时期历史的重要材料。

曾国藩的治家思想，尤其是在教育子弟和门风建设上，颇受后人重视。曾国藩位高权重，但时刻教育两个儿子要“勤俭自持，习劳习苦”。他将其祖父星冈公遗训概括为“书、蔬、鱼、猪、早、扫、考、宝”八字诀，要求家庭成员严格执行。曾家兴旺发达，子孙后代人才辈出。

二、《曾国藩家书》名句选编、翻译、注释及点评

自立自强

【名句】

且苟能发奋自立，则家塾可读书，即旷野之地，热闹之场，亦可读书，负薪牧豕，皆可读书；苟不能发奋自立，则家塾不宜读书，即清净之乡，神仙之境，皆不能读书。何必择地？何必择时？但自问立志之真不真耳。（《致诸弟·明师益友虚心

请教》，曾国藩《曾国藩家书·修身篇》/55）

【翻译】

而且真能发奋自立，那么家塾可以读书，就是旷野之地、热闹场所，也可以读书，背柴放牧，都可以读书。如不能发奋自立，那么家塾不宜读书，即使是清静的地方、神仙的环境，都不宜读书。何必要选择地方，何必要选择时间，只要问自己：自立的志向是不是真的。

【注释】

负薪：背柴。

牧豕：放猪，泛指放牧。

【点评】

“自立”，成长的基础；敢于“自立”，就能在任何环境下奋发读书；勇于“自立”，就没有克服不了的困难，就能成就看似不可能的事。

【名句】

从古帝王将相，无人不由自强自立做出。即为圣贤者，亦各有自立自强之道，故能独立不惧，确乎不拔。（《致九弟季弟·必须自立自强》，曾国藩《曾国藩家书·修身篇》/90）

【翻译】

古代的帝王将相，没有一个人不是由自强自立做出来的。就是圣人、贤者，也各有自强自立的道。所以，能够独立而不惧怕，确定而坚忍不拔。

【点评】

“自立自强”，人生不败之道。

专注有恒

【名句】

盖士人读书，第一要有志，第二要有识，第三要有恒。有志则断不甘为下流；有识则知学问无尽，不敢以一得自足，如河伯之观海，如井蛙之窥天，皆无识者也；有恒则断无不成之事。此三者缺一不可。（《致诸弟·勉励自立课程》，曾国藩《曾国藩家书·劝学篇》/14）

【翻译】

士人读书，第一要有志气，第二要有见识，第三要有恒心。有志气就决不甘居下游；有见识就明白学无止境，不敢以一得自满自足，如河伯观海、井蛙窥天，都是无知；有恒心就绝没有做不成功的事。这三个方面，缺一不可。

【点评】

“志气”“见识”“恒心”是学习的三个重要环节，缺一不可。

【名句】

凡人做一事，便须全副精神注在此一事，首尾不懈。不可见异思迁，做这样想那样，坐这山望那山。人而无恒，终身

一无所成。（《致九弟·做人须要有恒心》，曾国藩《曾国藩家书·劝学篇》/72）

【翻译】

凡是人要做一件事，便须全副精神去做，全神贯注这件事，自始至终不松懈。不能见异思迁，做这件事想那件事，坐这山望那山。人如果没有恒心，一生都不会有成就。

【点评】

人而无恒，见异思迁，将一无所成。只有全神贯注，坚持不懈，才会有所成就。

【名句】

切勿以家中有事而间断看书之课，又弗以考试将近而间断看书之课。虽走路之日，到店亦可看；考试之日，出场亦可看也。

兄日夜悬望，独此有恒二字告诸弟，伏愿诸弟刻刻留心。（《致诸弟·读书必须有恒心》，曾国藩《曾国藩家书·劝学篇》/38）

【翻译】

切不要强调因为家中有事而间断看书，也不要强调因为考试将近而间断看书。就是走路的时侯，到旅店的时侯，都可以看书；到了考试的日子，出考场也可以看书。

兄长日夜悬望，只有“有恒”二字忠告弟弟们，愿弟弟们时刻留心。

【点评】

“有恒”，获取知识的途径。

【名句】

吾见家中后辈，体皆虚弱，读书不甚长进，曾以为学四事勉儿辈：一曰看生书宜求速，不多读则太陋；一曰温旧书宜求熟，不背诵则易忘；一曰习字宜有恒，不善写则如身之无衣，山之无木；一曰作文宜苦思，不善作则如人之哑不能言，马之肢不能行。四者缺一不可，盖阅历一生深知之，深悔之者，今亦望家中诸侄力行之。两弟如以为然，望常以此教诫子侄为要。（《致四弟九弟·述为不学有四要事》，曾国藩《曾国藩家书·劝学篇》/49）

【翻译】

我见家里后辈，体质虚弱，读书不大长进，曾经以治学等四件事勉励儿辈。一是看新书要求速，不多读就会陋钝；一是温旧书要求熟，不背诵就易忘；一是习字要有恒，不会写便好比身上无衣，山上无树；一是作文要苦思，不会写文章，好比哑巴不能说话，马不能行走。四者缺一不可，这是我阅历一生才知道的，深为后悔的地方，今也希望子侄努力实行。两位弟弟如果认为对，望常以这四点教诫子侄。

【点评】

读书做到“四要”：求速、求熟、有恒、苦思。以此“四要”教育后辈，孩子必定有所长进。

【名句】

吾辈读书，只有两事：一者进德之事，讲求乎诚正修齐之道，以图无忝所生；一者修业之事，操习乎记诵词章之术，以图自卫其身。（《致诸弟·述求学之方法》，曾国藩《曾国藩家书·劝学篇》/7）

【翻译】

我们读书，只有两件事：一是进德，讲求诚心、正意、修身、齐家的道理，努力做到不负父母生养之德；一是修业，学习和掌握记诵词章的技巧，努力做到自立谋生，养活自己。

【注释】

诚正修齐：诚心、正意、修身、齐家。

无忝：不玷辱，不羞愧。

修业：本指研读书籍，引申为修营功业。

自卫其身：谋生，养活自己。

【点评】

读书人要做好两件事，就是“进德”与“修业”。一方面，讲求诚心、正意、修身、齐家的道理，努力做到不负父母生养之德；另一方面，学习和掌握记诵辞章的技巧，努力做到能独立谋生。

【名句】

凡事皆贵专，求师不专，则受益也不入；求友不专，则博爱而不亲。心有所专宗，而博观他途，以扩其识，亦无不可；

无所专宗，而见异思迁，此眩彼夺，则大不可。（《致诸弟·交友拜师宜专一》，曾国藩《曾国藩家书·交友篇》/213）

【翻译】

任何事都贵在专一。求师如果不专，那受益也不会很多；交友如果不专，那是泛泛之交而没有至交。心里有专一的东西，再博观其余以扩充见识，亦无不可。若没有专一的东西，见异思迁，这山望着那山高，那是非常不可以的。

【注释】

此眩彼夺：这边炫目，那边也光彩夺目，形容贪恋的人欲望没有止境。

【点评】

“专一”，就能求得名师，得到益友。凡事精益求精，就会有所成就。

【名句】

精神愈用而愈出，不可因身体素弱，过于保惜，智慧愈苦而愈明，不可因境遇偶拂，遽尔摧沮。（《致九弟·宜以求才为大事》，曾国藩《曾国藩家书·用人篇》/294）

【翻译】

精神这个东西越用越好用，不可以因为身体虚弱而过于爱惜；智慧这个东西越遭受苦难越闪光，不可以因为偶然遇到挫折，便急忙自弃。

【点评】

“精神”与“智慧”必须在实践中锤炼，越锤炼精神越好、智慧越闪光。

谦虚谨慎

【名句】

天地间惟谦谨是载福之道。骄则满，满则倾矣。(《致四弟·教子弟去骄气惰习》，曾国藩《曾国藩家书·治家篇》/167)

【翻译】

天地之间，只有做到谦虚谨慎才是通向幸福的路。一骄傲就满足，一满足就倾覆。

【点评】

“骄则满，满则倾”，无数事实证明这一点。谦虚谨慎才是通向幸福的大道。

节俭勤敬

【名句】

余欲上不愧先人，下不愧子弟，惟以力教家中勤俭为主。(《致四弟·教子勤俭为主》，曾国藩《曾国藩家书·治家篇》/173)

【翻译】

我要上不愧对祖宗，下不愧对子弟，只有教育家里的人勤俭为主。

【点评】

“勤俭”，治家的法宝。唯有勤俭，才能不愧对祖宗，不愧对子弟。

【名句】

诸弟在家，总宜教子侄守勤敬，吾在外，既有权势，则家中子侄，最易流于骄，流于佚，二字者，败家之道也，万望诸弟刻刻留心，勿使后辈近于此二字，至要至要。（《致诸弟·勿使子侄骄奢淫佚》，曾国藩《曾国藩家书·治家篇》/145）

【翻译】

弟弟们在家，总要教育子侄辈遵守“勤敬”二字，我在外，既有了权势，那么家里的子侄最容易产生骄傲奢侈、放荡不羁的行为。“骄”“佚”二字，正是败家之道，万万希望弟弟们时刻留心，不要让子侄们接近这两个字，至关紧要啊！

【注释】

佚：放荡。

【点评】

“勤敬”，成才之道；“骄佚”，败家之路。

【名句】

吾不欲多寄银物至家，总恐老辈失之奢，后辈失之骄，未有钱多而子弟不骄者也，吾兄弟欲为先人留遗泽，为后人惜余福，除去勤俭二字，别无做法。弟与沅弟能勤而不能俭，余微俭而不甚俭；子侄看大眼，吃大口，后来恐难挽，弟须时时留心。（《致四弟·惜福贵乎勤俭》，曾国藩《曾国藩家书·治家篇》/170-171）

【翻译】

我不想多寄钱、物到家里，总是害怕老一辈太奢侈了，后辈会骄纵，没有钱多了子弟不骄的。我们兄弟为祖宗留一点遗下来的福泽，为后人珍惜一点剩余的福气，除了“勤俭”二字，没有其他办法。弟弟和沅弟都能勤却不能俭，我只一点点俭而不是很俭。子侄们眼界高了，吃得也越来越精，以后恐怕难以挽回。弟弟要时刻留神啊！

【注释】

看大眼，吃大口：比喻见识的眼界高，所求的享乐也越丰富。

【点评】

“未有钱多而子弟不骄者也”，警惕啊，“勤俭”二字，需时时记住，并落实于行动。

【名句】

钱愈多则患愈大，兄家与弟家总不宜多存现银。现钱每年兄敷一年之用，便是天下之大富，人间之大福。家中要得兴旺，全靠出贤子弟，若子弟不贤不才，虽多积银、积钱、积谷、积产、积衣、积书，总是枉然！

子弟之贤否，六分本于天生，四分由于家教。（《致四弟·送银子共患难者》，曾国藩《曾国藩家书·理财篇》/210）

【翻译】

钱越多而隐患越大，兄长家和弟弟家总不宜多存现钱。现钱每年足够一年的用度，便是天下的大富翁，人间的大福星。家里要得兴旺，全靠出贤子弟，如果子弟不贤不才，虽然多积银、积钱、积谷、积产、积书、积衣，都是无用的。

子弟的贤与不贤，六分出于天生，四分由于家教。

【点评】

“家中要得兴旺，全靠出贤子弟。”“钱财”不是根本，“贤、慧”才是制胜法宝；而贤、慧与否，关键在于家庭教育。

治家八字

【名句】

余与沅弟论治家之道，一切以星冈公为法。大约有八字诀，其四字即上年所称书蔬鱼猪也。又四字则曰早扫考宝。早者，起早也。扫者，扫屋也。考者，祖先祭祀，敬奉显考王考曾祖考，言考而妣可该也。宝者，亲族邻里，时时周旋，贺喜

吊丧，问疾济急。(《致四弟·治家有八字诀》，曾国藩《曾国藩家书·治家篇》/162)

【翻译】

我和沅弟讨论治家的方略，一切以星冈公为准绳。大约有八字诀，其中四个字就是上年说的“书、蔬、鱼、猪”。还有四个字就是“早、扫、考、宝”。“早”字，是黎明即起的意思；“扫”字，是洒扫房屋庭院；“考”字，是祭祀祖先，奉祭显考王考曾祖考，当然妣也一样；“宝”字，指与亲戚邻居时刻往来，贺喜吊丧，关心关爱有急难病患的人。

【点评】

早，黎明即起；扫，洒扫房屋庭院；考，诚心祭祀祖先；宝，与亲戚邻居时刻往来。遵循治家八字诀，既做到“书、蔬、鱼、猪”，又做到“早、扫、考、宝”，家庭必定兴旺发达，子孙后代人才辈出。

【名句】

读书以训诂为本，作诗文以声调为本，事亲以得欢心为本，养身以戒恼怒为本，立身以不妄语为本，居家以不晏起为本，作官以不要钱为本，行军以不扰民为本。此八本者，皆余阅历而确有把握之论，弟亦当教诸子侄谨记之。(《致四弟·教子弟牢记祖训八字》，曾国藩《曾国藩家书·治家篇》/168)

【翻译】

读书以训诂为本，作诗文以声调为本，事亲以得欢心为本，养身以戒恼怒为本，立身以不妄语为本，居家以不晚起为本，作官以不要钱为本，行军以不扰民为本。这八个本，都是我自己从经历的事情中归纳出来，很有把握的理论，弟弟也应当教子侄们谨记在心。

【注释】

晏起：晚起。

【点评】

以训诂为本，以声调为本，以得欢心为本，以戒恼怒为本，以不妄语为本，以不晚起为本，以不要钱为本，以不扰民为本，这八个“本”，是曾国藩在长期的生活实践和工作实践中得出的正确结论，是曾家的治家准则，也是后代人才辈出的原因。

廉洁自律

【名句】

故自庚子到京以来，于今八年，不肯轻受人惠，情愿人占我的便宜，断不肯我占人的便宜，将来若做外官，京城以内，无责报于我者。澄弟在京年余，亦得略见其概矣，此次澄弟所受各家之情，成事不说，以后凡事不可占人半点便宜，不可轻取人财，切记切记！（《致诸弟·切勿占人便宜》，曾国藩《曾国藩家

书·交友篇》/220）

【翻译】

所以自从兄长调到京城以来，至今八年，不肯轻易受别人的恩惠，情愿别人占我的便宜，决不能去占别人的便宜，将来如果做外官，京城内的人也不会要求我回报他们的恩惠了。澄弟在京城一年多，也能大概知道的，这次澄弟所受各家的情，已经成为事实不用再说，以后凡事不可以占人半点便宜，不可轻易受人钱财，切记切记！

【点评】

曾国藩为官清廉，自己做到“不肯轻受人惠”，也告诫诸弟，切勿占人便宜。“凡事不可占人半点便宜，不可轻取人财”，这对于当今的为官者是金玉良言。

养身之法

【名句】

养身之法，约有五事：一曰眠食有恒，二曰惩忿，三曰节欲，四曰每夜临睡洗脚，五曰每日两饭后各行三千步。惩忿，即余匾中所谓“养生以少恼怒为本”也。（《致四弟·述养身有五事》，曾国藩《曾国藩家书·修身篇》/102）

【翻译】

养身的方法，大约有五个方面：一是睡眠饮食有规律；二是制怒；三是节欲；四是临睡洗脚；五是两餐饭后各走三千步。制怒，就是我的匾额所谓的“养生以少恼怒为本”。

【注释】

有恒：有恒心，此处指有规律。

惩忿：制怒。

【点评】

“养生以少恼怒为本”，这既是养生，又是养德，何乐不为。

【名句】

学射最足保养，起早尤千金妙方、长寿金丹也。（《致九弟四弟·早起乃健身之妙方》，曾国藩《曾国藩家书·修身篇》/81）

【翻译】

学射击，是保养身体的好办法，早起尤其是保养身体的千金妙方、长寿的金丹啊！

【点评】

起早健身，反对睡懒觉，这是养身之法 。

曾国藩遗嘱

【名句】

一曰慎独则心安，二曰主敬则身强，三曰求仁则人悦，四曰习劳则神钦。（曾国藩《曾国藩家书·曾国藩遗嘱》）

【翻译】

第一，一个人独处的时候，也要谨守正道，就能在处世时做到心安理得，心平气和；第二，主观上对人对事对物态度恭敬，有自我掌控能力，就能使身心强健；第三，讲究仁爱，对人宽容、仁慈、友爱，就能使人心悦诚服；第四，习惯于劳苦，努力工作，就能使神明感到钦佩。

【点评】

曾国藩临终前对儿子曾纪泽说："我这辈子打了不少仗，打仗是件最害人的事，造孽，我曾家后世再也不要出带兵打仗的人了。"他用手指指桌子，那是他早已写好的遗嘱。曾纪泽双手把纸展开，以颤抖的声音念着。待儿子念完，曾国藩努力把手抬起，指着自己的胸口，曾纪泽、曾纪鸿一齐说："我们一定把父亲的教导牢记在心！"曾国藩脸上露出淡淡笑容，便溘然长逝。曾国藩临终前，对其"打仗"有深刻的反思，认为那是最"害人""造孽"的事。曾家后裔恪守遗嘱，没有一个带兵打仗的。

曾国藩"慎独、主敬、求仁、习劳"这八字遗嘱对子孙的影响是深远的。曾家长盛不衰，代代有人才：曾纪泽在其父死后才承荫出仕，从事外交；曾纪鸿一生不仕，专研数学；孙子曾广钧虽中进士，却长守翰林；曾孙、玄孙辈中大都出国留学，无一涉足军界、政界，全部从事教育、科学、文化工作，不少成为著名专家学者。

曾国藩遗嘱给后人留下了宝贵的精神财富。

三、《曾国藩家书》的历史意义及现代价值

《曾国藩家书》极具丰富性、普遍性和针对性。他提出处世以诚为本，为人以自立为本，修身以勤廉为本，求学做事以恒为本。教育子弟首看品德，立志做好人。要自立自强，谦虚谨慎，劝勉其善，规谏其过，期盼有成。他以身作则，既有言论指导，又以实际行动作榜样。

《曾国藩家书》极具实用性和可操作性。正是曾国藩严格良好的教育，以身作则为榜样，曾氏门庭名人辈出，多有所成；也正是曾国藩的人格力量以及家书的指导性，极大地影响了世人。

曾国藩留有四句遗嘱，让后代“慎独”“主敬”“求仁”“习劳”。曾国藩的弟、子个个成才，孙辈也人才迭出，没有一个“败家子”。曾国藩说从三个地方可看出一个家族的兴衰：一看子孙睡到几点起床，二看子孙是否做家务，三看子孙是否读书。他倡学促教，陶铸人心，主张勤俭持家，严谨治学，读书明理，

睦邻友好。

《曾国藩家书》极具文学价值，行文从容镇定，形式自由，随想而发，挥笔自如，在平淡家常中蕴含真知良言，具有极强的说服力和感召力。

《曾国藩家书》是治家法宝。

（本篇中引用的《曾国藩家书》原文均摘自以下图书：曾国藩，曾国藩家书［M］. 长春：吉林出版集团股份有限公司，2011.）

孔丘与《论语》

一、孔丘与《论语》简介

孔丘（公元前551—前479），字仲尼，公元前551年9月28日生于春秋时期鲁国陬邑（今山东省曲阜东南）。著名教育家、思想家、政治家，是中华文化思想的集大成者，被尊称为孔子。他开创儒学，编纂《春秋》，修订“六经”，创办私学。儒学思想渗入中国人的生活、文化领域中，对中国人的价值观、人生观产生了极为深刻的影响。孔子被列为“世界十大文化名人”之首，美国哲学家爱默生认为，“孔子是全世界各民族的光荣”。

孔丘三岁丧父，生活没有依靠，母亲便带着幼小的孔丘回到娘家曲阜阙里。孔丘在母亲的教育下度过了青少年时代，十六七岁时便开始独立谋生。他干过很多在当时被认为是卑贱的事，如放牧牛羊，做吹鼓手，做过管理牛羊的“乘田”和管理仓库的“委吏”。孔丘聪明好学，谋生之余，他刻苦自学，很快学会了在当时有地位的人所必须掌握的礼、乐、射、御、书、数六种基本功。但他并未就此满足，而是广泛拜师，博取众善。

从此，他的学问大为长进，成为当时少数通诗书，明礼义，对人生、教育、政治具有独特而坚定的见解，学识渊博的知名学者。很多人慕名而至，弟子多达三千人，其中贤人七十二，孔丘开始了作为教育家的漫长生涯。

孔丘 51 岁时出任中都宰，取得突出政绩。后来，孔丘对鲁国君臣十分失望，在公元前 497 年，55 岁之际，他放弃官位，率领其弟子到其他国家去推行自己的政治主张。从此，孔丘开始了长达 14 年流浪的政治生涯。

公元前 484 年，孔丘和其弟子重返自己的祖国——鲁国。这时鲁国统治者给了他很高的物质待遇，并尊称他为“国老”。但是饱经沧桑和磨难之后，孔丘对政治已没有什么兴趣，而把精力全部投入培养学生、发展教育和编纂古代文献的事业上。公元前 479 年 4 月 11 日，孔丘以 73 岁高龄病逝于自己的家乡。

孔丘对后世影响深远，他在世时已被誉为“天纵之圣”“天之木铎”，是当时社会上最博学者之一，并且被后世尊为至圣、万世师表。

孔丘去世后，其弟子及其再传弟子把孔丘及其弟子的言行语录和思想记录下来，整理编辑成儒家经典《论语》。《论语》以语录体和对话文体为主，记录了孔丘及其弟子言行，集中体现了孔丘的政治主张、伦理思想、道德观念及教育原则等。《论语》的语言简洁精练，含义深刻，其中有许多言论至今仍被世人视为至理。《论语》已被译为多国文字，《论语》是中国的，也是世界的。

二、《论语》名句选编、翻译、注释及点评

教育

【名句】

子曰："有教无类。"（《论语·卫灵公》/256）

【翻译】

孔子说："人人我都教育，没有（贫富和社会地位等的）区别。"

【注释】

类：种类，阶层，贫穷富贵各色人等。

【点评】

孔子创办了私学，提出"有教无类"的口号，在古代率先打破"学在官府"的贵族垄断文化的格局，把受教育的范围扩

大到平民，顺应了当时社会发展的趋势。

【名句】

子曰："性相近也，习相远也。"（《论语·阳货》/269）

【翻译】

孔子说："人的本性原是相近的，只是由于环境和教育的不同而形成了不同的习惯，彼此才产生了很大的差别。"

【注释】

性：本性。

习：习染、习惯。

【点评】

"性相近也，习相远也。"可见后天教育的重要性。

【名句】

子曰："不愤不启，不悱不发。举一隅不以三隅反，则不复也。"（《论语·述而》/107）

【翻译】

孔子说："教育学生，不到他想弄明白而不得的时候，不去开导他；不到他想说而又说不出来的时候，不去启发他。告诉他一个方面，他却不能由此推知其他三个方面，就不再重复这种方法了。"

【注释】

愤：心求通而未得。

悱（fěi）：口欲言而无法说出。

隅：方面。

反："返"的同义词，引申为类推的意思。

【点评】

"不愤不启，不悱不发。"受教育者必先遇到困难，有求知的动机，然后去启发他时，长进才快。

【名句】

子曰："温故而知新，可以为师矣。"（《论语·为政》/25）

【翻译】

孔子说："温习旧的知识，又能从中有新的体会，新的见解，这样就可以做老师了。"

【注释】

故：就是已有的，过去的东西。

新：新的知识，新的体会。

【点评】

"温故而知新"，强调学习不仅要积累，而且要在积累中有新的领悟。

【名句】

子曰："学而时习之，不亦说乎？有朋自远方来，不亦乐乎？人不知，而不愠，不亦君子乎？"（《论语·学而》/1）

【翻译】

孔子说："学了功课，再定时复习、实践它，不是令人高兴的吗？有志同道合的朋友从远方来，不是令人快乐的吗？别人不了解自己，我也不怨恨他，难道不是一个有道德的人吗？"

【注释】

说："悦"的通假字，高兴、快乐的意思。

愠（yùn）：怨恨。

【点评】

"学而时习之"，习，不是简单的重复，而是通过"习之"，反复实践，悟出新意，这是"习之"的目的。又学习，又实践，这是很快乐的事，这是很高的境界！

【名句】

子曰："我非生而知之者，好古，敏以求之者也。"（《论语·述而》/113）

【翻译】

孔子说："我不是生下来就懂得一切的人，而是爱好古代文化，勤奋敏捷去探求知识的人。"

【点评】

"敏以求之者"，我们应做勤奋敏捷去探求知识的人。

【名句】

子曰："知者不惑，仁者不忧，勇者不惧。"（《论语·子罕》/148）

【翻译】

孔子说："有智慧的人不迷惑，有仁德的人不忧愁，勇敢的人不畏惧。"

【点评】

做人要做"知者""仁者""勇者"！

【名句】

子绝四：毋意，毋必，毋固，毋我。（《论语·子罕》/135）

【翻译】

孔子做学问杜绝了以下四种毛病：不臆测、不武断、不固执、不自私。

【注释】

毋：无。

意：本义是"心意、心志"，这里等同于"臆"，凭空猜测、猜疑。

必：必定。

固：固执。

我：私己，即自私。

【点评】

"毋意，毋必，毋固，毋我"，不臆测、不武断、不固执、不自私自利，这是做学问应该遵循的原则。

发问

【名句】

子入太庙，每事问。（《论语·八佾》/44）

【翻译】

孔子来到周公庙，每件事都要问一问。

【点评】

“每事问”，求知的途径。

【名句】

敏而好学，不耻下问。（《论语·公冶长》/76）

【翻译】

敏捷聪明，勤奋好学，从不以向比他地位卑下的人请教为耻。

【点评】

“敏而好学，不耻下问。”求知的方法。

好学

【名句】

子曰："学而不思则罔，思而不学则殆。"（《论语·为政》/26）

【翻译】

孔子说："只是学习而不思考，就会无知；只是冥思苦想而不学习，就会疑惑不解。"

【注释】

罔：迷惘、困惑、蒙蔽。

殆：危险、疑惑。

【点评】

"学而不思则罔，思而不学则殆。"这里孔子在强调"学"与"思"的辩证关系。

【名句】

子夏曰："日知其所亡，月无忘其所能，可谓好学也已矣。"（《论语·子张》/299）

【翻译】

孔子的学生子夏说："每天都学到一些以前所不知道的知识，每月都不忘记已经掌握的技能，就可以说是好学了。"

【注释】

所亡：自己不知道的东西。亡，同"无"。

所能：与上文的“所亡”相对，即自己已经知道并掌握的东西。

【点评】

“日知其所亡，月无忘其所能”，这是“好学”的标准。

【名句】

子曰：“君子食无求饱，居无求安，敏于事而慎于言，就有道而正焉，可谓好学也已。”（《论语·学而》/13）

【翻译】

孔子说：“君子在饮食方面不追求丰盛，在居住方面不追求舒适和安逸，做事勤快敏捷，说话谦虚谨慎，向有道德修养的人学习以匡正自己的错误，这样就可以说是好学了。”

【注释】

有道：有道德修养的人。

正：匡正、纠正。

已：矣，感叹词。

【点评】

能够做到“食无求饱，居无求安，敏于事而慎于言，就有道而正焉”，就是“好学”了。

【名句】

子曰：“吾尝终日不食，终夜不寝，以思，无益，不如学也。”（《论语·卫灵公》/253）

【翻译】

孔子说："我曾经整天不吃不喝，整夜不睡，冥思苦想，却没有得到好处；不如去学习更有收获。"

【点评】

学习，学习，学习！人生应有的态度。

【名句】

子曰："默而识之，学而不厌，诲人不倦，何有于我哉？"（《论语·述而》/104）

【翻译】

孔子说："把所学的东西默默地记在心里，努力学习而不厌弃，教导别人不知疲倦，这些我究竟都做到了什么呢？"

【注释】

默：沉默，不说话。

识（zhì）：记住。

诲：教诲，教导。

何有于我哉：这是一个自问句，即"于我何有哉"，意思是"我又做到什么了呢"。

【点评】

"学而不厌，诲人不倦"，我们要谨记。

【名句】

知之为知之，不知为不知，是知也。（《论语·为政》/27）

【翻译】

知道的就是知道，不知道的就是不知道，这才是真正的智慧啊！

【注释】

是：这。

知："智"的通假字，智慧、聪明的意思。

【点评】

只有抱着"不知为不知"的观念，才会努力去求知，才会有新的发现、新的成就。

"知之为知之，不知为不知，是知也。"这是对待一切知识、对待一切事物应有的科学态度。

【名句】

发愤忘食，乐以忘忧，不知老之将至云尔。(《论语·述而》/113)

【翻译】

发愤用功就忘记吃饭，心中觉得快乐便忘记忧愁，不晓得自己快要年老体衰，如此而已。

【注释】

云尔：如此而已。云，如此；尔，同"耳"，而已，罢了。

【点评】

“忘食”“忘忧”，形象生动地勾勒出孔子专心致志的状态。

【名句】

子在川上，曰：“逝者如斯夫，不舍昼夜。”（《论语·子罕》/143）

【翻译】

孔子在河边，感叹道：“消逝的时光，就像河水一样，日夜不停地流去。”

【注释】

川：河流。

逝：往，这里指以往的时光，也泛指一切消失的东西。

斯：指代河水。

舍：放弃，停止。

【点评】

时间就像河水一样在我们身边无情地溜走：我们要善于审视自己，审视人生，看看在相同的年纪，我们都做了些什么，我们应该赶紧做些什么。

【名句】

子曰：“三人行，必有我师焉。择其善者而从之，其不善者而改之。”（《论语·述而》/113）

【翻译】

孔子说："三个人一起走路，其中必定有可以做我老师的人。选取他们身上的优点去学习，发现他们身上的缺点（如果我身上也有），那就一定改正。"

【点评】

一个人如能"择其善者而从之"，择"其不善者而改之"，经过这"从之"与"改之"，必定是一个有为的人，一个不断进步的人。

志向

【名句】

子曰："吾十有五而志于学，三十而立，四十而不惑，五十而知天命，六十而耳顺，七十而从心所欲，不逾矩。"（《论语·为政》/19）

【翻译】

孔子说："我十五岁，有志于学问；三十岁，已弄懂礼仪，能够自立；四十岁，已明白各种事理，不致迷惑；五十岁，懂得大自然的运行规律；六十岁，听到什么，就能辨别其中的真伪、善恶；到了七十岁，就能随心所欲，也不会做出超越规矩法度的事情。"

【注释】

有："又"的意思。

志：志向、决心。

立：自立。

惑：迷惑。

天命：上天的旨意。

耳顺：能辨别出真伪、善恶。

从：跟从、跟随。

逾：超越，超过。

矩：规矩、法度。

【点评】

"志于学""而立""不惑""知天命""耳顺""从心所欲"。"学"是前提，是为人处世的根基；不学，将无所事事，无所作为。

【名句】

子曰："知之者不如好之者，好之者不如乐之者。"(《论语·雍也》/97)

【翻译】

孔子说："对于学问和事业，懂得它的人不如爱好它的人，爱好它的人又不如以它为乐趣的人。"

【注释】

之：泛指学问、道德、技艺等。

【点评】

“乐之”，反映出一个人的学识水平与境界。如以求知为乐，求知无止境，快乐无止境！

仁爱

【名句】

樊迟问仁。子曰：“爱人。”问知。子曰：“知人。”（《论语·颜渊》/198）

【翻译】

樊迟问什么是仁德。孔子回答说：“爱人。”问什么是智。孔子回答说：“善于了解别人。”

【注释】

知：同“智”。

知人：了解、知晓他人的才能。

【点评】

“爱人”“知人”，教育的最高境界。

【名句】

子曰：“苟志于仁矣，无恶也。”（《论语·里仁》/55）

【翻译】

孔子说："假如立志推行仁德，总没有坏处。"

【注释】

苟：假如，如果。

志：立志。

恶（wù）：厌恶。

【点评】

因为"无恶"，所以"志于仁"。

【名句】

子曰："志士仁人，无求生以害仁，有杀身以成仁。"（《论语·卫灵公》/245）

【翻译】

孔子说："有崇高志向和仁爱精神的人，没有因贪生怕死而损害仁德的，只有勇于牺牲生命来成全仁德的。"

【注释】

志士：有志之士。

仁人：仁德的人。

【点评】

华夏历史由无数"志士仁人""杀身以成仁"的人所创造，他们是中华民族的骄傲，是我们学习的榜样。

【名句】

仲弓问仁。子曰："出门如见大宾，使民如承大祭。己所不欲，勿施于人。在邦无怨，在家无怨。"（《论语·颜渊》/187）

【翻译】

仲弓问什么是仁德。孔子回答说："外出办事如同接待贵宾那样恭敬认真，役使百姓如同承办盛大的祭祀那样严肃谨慎。自己不愿意做的事情，不要强加给别人。努力做到在诸侯的朝堂上不遭人怨恨，在卿大夫的封地里也没人对自己有怨言。"

【注释】

大宾：贵宾。

大祭：隆重盛大的祭祀。

家：卿大夫一级大臣的封地。

【点评】

"己所不欲，勿施于人"，自己不愿意做的事情，不要强加给别人，这是为人的准则。

【名句】

樊迟问仁。子曰："居处恭，执事敬，与人忠。虽之夷狄，不可弃也。"（《论语·子路》/211）

【翻译】

樊迟问什么是仁德。孔子回答说："平时仪容庄重谦恭，做事严肃认真，对人忠心耿耿。即使到了少数民族边远地方，也不可丢弃这些品德（做到这些就是仁）。”

【注释】

之：到、往。

【点评】

“居处恭，执事敬，与人忠”，仪容庄重谦恭，做事严肃认真，对人忠心耿耿，这是有仁德的人应具有的品德。

【名句】

子曰：“唯仁者能好人，能恶人。”（《论语·里仁》/55）

【翻译】

孔子说：“只有具有仁德的人，才懂得喜欢什么人，厌恶什么人。”

【注释】

好（hào）：喜爱，喜欢，形容词作动词用。

恶（wù）：憎恶，厌恶，形容词作动词用。

【点评】

“好人”“恶人”，喜欢什么人，厌恶什么人，不是简单的事，只有具有仁德的人才能做到。

【名句】

子夏曰：“博学而笃志，切问而近思，仁在其中矣。”（《论语·子张》/299）

【翻译】

孔子的学生子夏说："博览群书，坚定自己的志向；恳切地发问，结合当前的事情思索，这样做，仁德就在其中了。"

【注释】

笃志：坚定志向。

切问：恳切地发问。

近思：思考当前的问题。

【点评】

"博学""笃志""切问""近思"，这是人们应该努力的方向。

【名句】

子张问仁于孔子。孔子曰："能行五者于天下为仁矣。""请问之。"曰："恭、宽、信、敏、惠。恭则不侮，宽则得众，信则人任焉，敏则有功，惠则足以使人。"（《论语·阳货》/271）

【翻译】

子张向他的老师孔子问什么是仁。孔子回答说："能够处处实行五种品德，便是仁了。"子张进一步问道："请问是哪五种？"孔子回答说："庄重、宽厚、诚信、勤勉、慈惠。庄重就不会遭致侮辱，宽厚就会得到大家的拥护，诚信就会得到别人的任用，勤勉就会提高效率，慈惠就能使唤人。"

【点评】

"恭、宽、信、敏、惠"，庄重、宽厚、诚信、勤勉、慈惠，处处践行这五种品德，便是一个高尚的人。

【名句】

子曰："当仁，不让于师。"（《论语·卫灵公》/255）

【翻译】

孔子说："当有合乎仁德的事需要做的时候，即使有老师在场也不必谦让。"

【注释】

当仁：在仁德面前。

【点评】

合乎仁德的事，要争着做，不必谦让。

【名句】

子曰："知者乐水，仁者乐山。知者动，仁者静。知者乐，仁者寿。"（《论语·雍也》/99）

【翻译】

孔子说："聪明的人喜欢水，仁德的人喜欢山。聪明的人活跃，仁德的人喜欢沉静。聪明的人豁达快乐，仁德的人健康长寿。"

【注释】

知（zhì）：通"智"。

乐：快乐，喜欢。

【点评】

"知者乐"，智者是聪明人。聪明人明白事理，兴趣广泛，反应敏捷，思想活跃，性情好动就像水不停地流一样，有气魄，有气度。“仁者寿”，仁者是仁慈的人。仁慈的人宁静有涵养，就像山一样稳重、崇高、伟大，不易冲动，不易发脾气，看事情冷静，先难而后易，这种人寿命也长。

【名句】

夫仁者，己欲立而立人，己欲达而达人。能近取譬，可谓仁之方也已。(《论语·雍也》/102)

【翻译】

仁德的人自己想要站得住，同时也帮助别人站得住；自己要事事想得通，同时也使别人事事行得通。如果能够就眼下的事实选择例子一步步去做，推己及人，这也可以说是推行仁道的一种方法了。

【注释】

己欲立而立人：自己要站得住，同时也使别人站得住。立，站立；“立人”，“使之站立”，使动用法。

己欲达而达人：自己要事事想得通，同时也使别人事事行得通。达，行得通；“达人”，“使之行得通”，使动用法。

近取譬：就近打比方，有推己及人的含义。譬，打比方。

【点评】

我们不仅要“己欲立”“己欲达”，还要“立人”“达人”，“近取譬”，使别人站得住，使别人事事行得通，推己及人。这是一种境界，一种推行仁德的途径。

孝道

【名句】

子曰："父母之年，不可不知也。一则以喜，一则以惧。"（《论语·里仁》/64）

【翻译】

孔子说："父母亲的年龄不应不知道。一方面为他们年高长寿而高兴，一方面为他们年高衰老而担忧惧怕。"

【点评】

"一则以喜，一则以惧"，为父母的长寿而高兴，又为父母年高衰老而担忧。"一喜"与"一惧"，是孝道的根本。

【名句】

孟武伯问孝。子曰："父母唯其疾之忧。"（《论语·为政》/21）

【翻译】

鲁国的孟武伯向孔子问什么是孝道。孔子回答说："作为子女，面对父母的疾病，要特别为他们担忧。（这样就可以算是尽孝道了）"

【注释】

唯：只，只有。

其：第三人称代词，相当于"他的""他们的"。

【点评】

“唯其疾之忧”，为此，子女要有具体行动，送医送药，嘘寒问暖，关怀备至。

【名句】

子游问孝。子曰：“今之孝者，是谓能养。至于犬马，皆能有养，不敬，何以别乎？”（《论语·为政》/22）

【翻译】

子游问什么是孝道。孔子回答说：“现在所谓孝顺，总是说能养活父母就可以了。（但这是很不够的，因为）人对狗和马都能饲养。如果不敬重父母，那和饲养狗和马有什么区别呢？”

【注释】

至于：对。

何以：用什么。“何以”是“以何”的倒装。

【点评】

“不敬，何以别乎”。唯有“敬”，才能做出合乎孝道的具体行动。

【名句】

子夏问孝。子曰：“色难。有事，弟子服其劳；有酒食，先生馔，曾是以为孝乎？”（《论语·为政》/22）

【翻译】

子夏问什么是孝道。孔子回答说：“最难的是侍奉父母时，诚心诚意，有发自内心的和颜悦色。仅仅是有事的时候，替父母去做；有酒肉饭菜，让父母去吃（而态度却很生硬冷淡），难道这就叫作孝吗？”

【注释】

色难：色，脸色；难，困难，不容易。

弟子：这里指的是子女。

服：做，担当。

先生：与上文的“弟子”相对，泛指长辈，这里指父母。

馔（zhuàn）：即饮食。

曾：竟然，难道。

是：这，作代词。

【点评】

“色难”，这是一种情况；而要做到不“色难”，就需从感情上加以培育，不要忘记儿时父母对你的爱，你才会加倍去爱父母。

【名句】

子曰：“弟子入则孝，出则悌，谨而信，泛爱众，而亲仁。”（《论语·学而》/6）

【翻译】

孔子说：“年轻人，在家要孝顺父母，出门要遵从兄长，尊敬长辈，说话要谨慎讲信用，广泛地与众人相友爱，亲近有仁德的人。”

【注释】

弟子：年纪幼小的人；学生。

入：进入父母的住处。

出：走出自己的房间，或外出求学。

谨：寡言叫谨。

亲仁：亲，亲近；仁，指有仁德的人。

【点评】

“泛爱众，而亲仁”，广泛地与众人相友爱，亲近有仁德的人，这是做人的行为准则。

立德

【名句】

子曰：“见贤思齐焉，见不贤而内自省也。”（《论语·里仁》/63）

【翻译】

孔子说：“见到有贤德的人，就要向他看齐；见到不讲道德的人，就应当自我反省（看自己有没有和他相同的毛病）。”

【注释】

齐：向……看齐。

自省：自我反省，自我检查。

【点评】

能做到“思齐”与“自省”，人就会不断进步。

【名句】

子曰：“德不孤，必有邻。”（《论语·里仁》/66）

【翻译】

孔子说：“有道德的人不会孤单，一定会有（志同道合的人来与他做）伙伴。”

【注释】

邻：亲近、相伴的意思。

【点评】

“德不孤，必有邻。”有道德的人不会孤单，一定会有人相伴，社会必定会充满正能量。

【名句】

子曰：“道听而途说，德之弃也。”（《论语·阳货》/276）

【翻译】

孔子说：“在道路中听到传言就四处传播，这种态度是对道德的背弃。”

【点评】

“道听途说”，就不是实事求是；要办成一件事，必须实事求是，脚踏实地地干。

【名句】

子贡问曰："乡人皆好之，何如？"子曰："未可也。""乡人皆恶之，何如？"子曰："未可也。不如乡人之善者好之，其不善者恶之。"（《论语·子路》/214）

【翻译】

子贡问道："家乡的人都喜欢他，这个人怎么样？"孔子回答说："还不敢肯定怎么样。"子贡又问："家乡的人都厌恶他，这个人怎么样？"孔子回答说："还是不敢肯定怎么样。最好是家乡的好人都喜欢他，家乡的坏人都厌恶他。"

【点评】

"乡人之善者好之，其不善者恶之"，家乡的好人都喜欢他，家乡的坏人都厌恶他，这样的人就是真正的好人。

【名句】

子曰："躬自厚而薄责于人，则远怨矣。"（《论语·卫灵公》/248）

【翻译】

孔子说："多责备自己，少责备别人，那就不会招致别人的怨恨了。"

【注释】

躬自厚：多责备自己。“厚”，“责己厚”，就是多责备自己。“躬自厚”，本当作“躬自厚责”，因下文“薄责”之“责”而省略；“躬自”是一个双音节的副词。

【点评】

“躬自厚”而又“薄责于人”，多责备自己，而少责备别人，怨恨自然不会出现，就会得到更多人的支持和帮助。

【名句】

子曰：“巧言乱德。小不忍则乱大谋。”（《论语·卫灵公》/252）

【翻译】

孔子说：“花言巧语会败坏道德。小事情不忍耐，就会败坏大事情。”

【点评】

“小不忍则乱大谋”，小事情不忍耐，就会败坏大事情。为了大局，要善于忍耐。

【名句】

是可忍也，孰不可忍也？（《论语·八佾》/35）

【翻译】

这样越级的事情，他都能做出来，那还有什么事情不敢做呢？

【注释】

忍：忍心。

孰：什么事，这里指代事情。

【点评】

“是可忍也，孰不可忍也？”生活中要警惕一些人。

诚信

【名句】

子曰：“人而无信，不知其可也。大车无輗，小车无軏，其何以行之哉？”（《论语·为政》/32）

【翻译】

孔子说：“一个人如果不讲信用，那是根本不行的。这样的人就像大车没有輗，小车没有軏，凭借什么行走呢？”

【注释】

而：用于主谓句之间，表示假设、如果。

信：信用，信誉。

可：可以。

大车：古时候，牛拉的车被称为大车。

大车无輗（ní），小车无軏（yuè）：“輗”和“軏”都是车上的关键部件，没有它们，大车和小车便无法套住牲口，无法行走。

小车：用马拉的车。

何以：凭借什么。

【点评】

信誉、信用，是做人的根本；“无信”，就会失去根本，那是绝对不行的。

【名句】

与朋友交，言而有信。（《论语·学而》/7）

【翻译】

与朋友交往，要诚实讲信用。

【点评】

“言而有信”，做人的根本；“言而有信”，才能结交到真正的朋友。

【名句】

曾子曰：“吾日三省吾身：为人谋而不忠乎？与朋友交而不信乎？传不习乎？”（《论语·学而》/3）

【翻译】

曾子说：“我每天多次反省自己：为别人出主意办事情有无不尽心竭力的地方？与朋友交往有无不诚实守信的地方？老师传授的学业是不是实践了？”

【注释】

谋：谋划，办事。

忠：忠诚无私，尽心竭力。

信：信用。

【点评】

“吾日三省吾身”，每天都能自省，就能经常发现自己的缺点与不足，就会不断取得进步。

改过

【名句】

子曰：“朝闻道，夕死可矣。”(《论语·里仁》/57)

【翻译】

孔子说：“假如早晨听到真理，就是晚上死去也是心甘情愿的。”

【注释】

朝：早晨。

道：道理、真理。

夕：日落，泛指晚上。

【点评】

“朝闻道”，这个道指的是仁道，仁爱之道。“仁道”是孔子思想理论的核心，也是儒家学派道德规范的最高标准，孔子一生都在为追求仁道而不懈努力。

【名句】

子曰："过而不改，是谓过矣。"（《论语·卫灵公》/253）

【翻译】

孔子说："有了过错而不改正，这才是真正的过错。"

【点评】

犯错是不可避免的，错而不改，才是真正的错。

君子

【名句】

子曰："君子坦荡荡，小人长戚戚。"（《论语·述而》/120）

【翻译】

孔子说："君子胸怀开阔平坦，小人却经常忧愁烦恼。"

【注释】

坦荡荡：心胸开阔。坦，平坦。

长戚戚：经常忧愁烦恼。长：时常、经常。戚戚：忧愁烦恼。

【点评】

"君子坦荡荡，小人长戚戚。"君子心胸开阔，无所畏惧，光明磊落，坦坦荡荡，内心没有任何负担，因而言行举止舒畅自然。而小人患得患失，斤斤计较，因而心神不安，坐卧不定。

孔子用对比的手法，将“君子”与“小人”作比较，更凸显君子为人的崇高姿态。

【名句】

子曰：“君子成人之美，不成人之恶。小人反是。”（《论语·颜渊》/195）

【翻译】

孔子说：“君子乐于成全别人的好事，不助长别人的坏事。小人则恰好相反。”

【注释】

美：美好的事。

恶：不好的事，坏事。

【点评】

“成人之美”，是做人的道德倾向。

【名句】

子曰：“君子欲讷于言，而敏于行。”（《论语·里仁》/65）

【翻译】

孔子说：“君子说话老实谨慎，而行动快速敏捷。”

【注释】

讷（nè）：言语迟钝，意为“谨慎”。

敏：敏捷，快速。

【点评】

“敏于行”，行动快速敏捷，这是君子的行为准则。

【名句】

子曰：“君子耻其言而过其行。”（《论语·宪问》/231）

【翻译】

孔子说：“君子以说得多做得少为可耻。”

【点评】

说了不做，这是可耻的行为，我们要引以为戒。

【名句】

孔子曰：“君子有三戒：少之时，血气未定，戒之在色；及其壮也，血气方刚，戒之在斗；及其老也，血气既衰，戒之在得。”（《论语·季氏》/264）

【翻译】

孔子说：“君子有三件事情应该警惕戒备：年轻时，血气还不成熟，要注意警惕迷恋女色；到了壮年时期，血气正旺盛，要注意警惕争强好斗；到了老年时期，血气已经衰弱，要注意警惕贪得无厌。”

【注释】

未定：未成熟，未固定。

得：贪得。

【点评】

“君子有三戒”，这是做健康教育时要注意的三个方面。

【名句】

子曰：“君子不以言举人，不以人废言。”（《论语·卫灵公》/250）

【翻译】

孔子说：“君子不因为一个人话说得好听便提拔他，也不因为一个人有缺点和错误便不采纳他的良言。”

【点评】

“不以言举人，不以人废言”，是选拔人才应遵循的原则。

【名句】

子曰：“君子矜而不争，群而不党。”（《论语·卫灵公》/250）

【翻译】

孔子说：“君子庄重而不争执，合群而不结党营私。”

【注释】

矜（jīn）：端庄。

党：结党，作动词用。

【点评】

“矜而不争，群而不党”，与人相处的原则。

【名句】

曾子曰："君子以文会友，以友辅仁。"（《论语·颜渊》/199）

【翻译】

孔子的学生曾子说："君子用文章学问结交朋友，依靠朋友帮助，提高自己的修养，推行仁德。"

【点评】

如果能"以文会友，以友辅仁"，那么，君子的事业就可向前发展。

交友

【名句】

有朋自远方来，不亦乐乎？（《论语·学而》/1）

【翻译】

有志同道合的朋友从远方来，不是令人快乐的事吗？

【点评】

有志同道合的朋友，这是人生乐事，不论远近。"有朋自远方来"，这是令人快乐的事。

【名句】

孔子曰："益者三友，损者三友。友直，友谅，友多闻，益矣。友便辟，友善柔，友便佞，损矣。"（《论语·季氏》/262）

【翻译】

孔子说："有益的朋友有三种，有害的朋友也有三种。同正直的人交朋友，同诚信的人交朋友，同见多识广的人交朋友，便有益了。同惯于走歪门邪道的人交朋友，同惯于假斯文、态度伪善的人交朋友，同惯于夸夸其谈、信口雌黄的人交朋友，便有害了。"

【注释】

友：结交朋友，名词作动词用。

谅：信，诚信。

便辟（pián pì）：习惯于矫揉造作，走歪门邪道。便，习惯，熟悉。

善柔：善于和颜悦色、假斯文，态度伪善。

便佞：习惯于花言巧语、信口雌黄。

【点评】

"友直，友谅，友多闻，益矣"，我们要努力同正直的人交朋友，同诚信的人交朋友，同见多识广的人交朋友，人生就会精彩。

处世

【名句】

子曰："不患人之不己知，患其不能也。"（《论语·宪问》/232）

【翻译】

孔子说："不必担心别人不知道自己，只担心自己没有能力。"

【点评】

"患其不能"，担心自己没有能力，就会注重学习，不断提高能力。

【名句】

孔子曰："益者三乐，损者三乐。乐节礼乐，乐道人之善，乐多贤友，益矣。乐骄乐，乐佚游，乐宴乐，损矣。"（《论语·季氏》/263）

【翻译】

孔子说："有益的快乐有三种，有害的快乐有三种。以用礼乐来约束自己为快乐，以宣扬别人的长处为快乐，以多交贤良的朋友为快乐，这些快乐都是有益的。以骄纵自己为快乐，以游荡无度为快乐，以吃喝玩乐为快乐，这些快乐都是有害的。"

【注释】

节礼乐：用礼乐制度约束自己的行为。

骄乐：自恃尊贵，不知节制地骄纵自己。

佚：过分。

宴乐：沉溺于宴饮的吃喝享乐。

【点评】

“乐节礼乐，乐道人之善，乐多贤友”，以用礼乐来约束自己为快乐，以宣扬别人的长处为快乐，以多交贤良的朋友为快乐，这些快乐都是有益的，这是积极的快乐观。

【名句】

子曰：“质胜文则野，文胜质则史。文质彬彬，然后君子。”（《论语·雍也》/97）

【翻译】

孔子说：“质朴胜过文采，就会显得粗陋，文采胜过质朴，就会显得虚浮。文采和质朴配合得当，这才是君子。”

【注释】

质：质朴，没有修饰的。

文：文采，经过修饰的。

野：粗野，粗俗。

史：指辞藻浮夸。

彬彬：文采和实质配合得当，形容人的举止斯文，态度文雅。

【点评】

“文质彬彬”，文采和质朴配合得当，才是我们要努力追求的。

【名句】

子曰："人无远虑，必有近忧。"（《论语·卫灵公》/246）

【翻译】

孔子说："一个人如果眼光不长远，没有长远的计划和考虑，必定会有近期的忧患。"

【点评】

"人无远虑，必有近忧"，就是要未雨绸缪，防患于未然。未雨绸缪，才能多一份从容，使自己立于不败之地。

【名句】

子曰："视其所以，观其所由，察其所安。人焉廋哉？人焉廋哉？"（《论语·为政》/24-25）

【翻译】

孔子说："（要真正了解一个人）就要察看他做这件事的原因，观察他所采取的方法，考察他做这件事时安着什么样的心。那么，这个人还有什么可隐藏的呢？这个人怎能伪装得了呢？"

【注释】

所以：所从事的原因。

所由：所从事的途径、方法。

所安：所从事的心情。

焉：何处，哪里。

廋（sōu）：隐藏。

【点评】

“视其所以，观其所由，察其所安”，这是真正了解一个人的方法。

【名句】

子曰：“众恶之，必察焉；众好之，必察焉。”（《论语·卫灵公》/252）

【翻译】

孔子说：“（对于一个人）大家都厌恶他，一定要认真考察（然后再表明自己的态度）；大家都喜欢他，也一定要认真考察（然后再表明自己的态度）。”

【点评】

“众恶之，必察焉；众好之，必察焉。”必察，综合考察，不为表面现象所迷惑，这是了解一个人的方法。

【名句】

子曰：“可与言而不与之言，失人；不可与言而与之言，失言。知者不失人，亦不失言。”（《论语·卫灵公》/244）

【翻译】

孔子说：“有必要同他谈而没有同他谈，就失掉了人才；没必要同他谈却同他谈，就是语言失误，浪费口舌。聪明的人，既不失掉人才，也不会白费口舌，说错话。”

【点评】

怎样做才不致“失人”“失言”？必须综合考察，全面衡量，不为一时一事所蒙蔽。

【名句】

子曰：“后生可畏，焉知来者之不如今也？四十、五十而无闻焉，斯亦不足畏也已。”（《论语·子罕》/146）

【翻译】

孔子说：“年轻人是令人敬畏的，怎么能断定他将来不如现在的人呢？到了四五十岁还没有什么成就，没有什么名声，那就不会令人敬畏了。”

【注释】

后生：年轻人。

畏：敬畏、尊敬。

【点评】

“后生可畏”，向年轻人学习，是长者应有的人生态度。

【名句】

子曰：“老者安之，朋友信之，少者怀之。”（《论语·公冶长》/84）

【翻译】

孔子说：“（我的志向是）让老年人得到安逸，让朋友信任我，让年轻人怀念我。”

【注释】

安之：使他得到安逸。

信之：使他信任我。

怀之：使他怀念我。安、信、怀，三个字均为动词的使动用法。

【点评】

“老者安之，朋友信之，少者怀之。”这是孔子的崇高志向。怎样达到“安之”“信之”“怀之”？关键在于行动。

三、《论语》的历史意义及现代价值

孔丘是一位伟大的教育家、思想家、政治家。《论语》是孔丘政治主张、教育思想的集中体现。

他创办私学，提出“有教无类”的口号，在古代率先打破“学在官府”的贵族垄断文化教育格局，把受教育的范围扩大到平民，顺应了当时社会发展的趋势。

《论语》开篇讨论的是“学”，孔丘提出“学而时习之，不亦说乎”的思想。“习之”，不是简单的重复，而是通过“习之”，反复实践，悟出新意，这是“习之”的目的，这才是最重要的。他提出“性相近也，习相远也”，在中国历史上最早提出人的天赋素质相近，个性差异主要是因为后天教育与社会环境影响所致。他提出“不愤不启，不悱不发”的启发式教学方法，主张因材施教，根据学生的不同特点分别施教。他提出了“学而不思则罔，思而不学则殆”，强调学习与思考相结合，学以致用，将学到的知识运用于社会实践。他提出“知之为知之，不知为不知，是知也”，强调端正学习态度的重要性。他认为“三人行，必有我师焉。择其善者而从之，其不善者而改之”，主张“每事问”，不耻下问，善于向别人学习。

孔丘提出“爱人”的政治主张，“仁爱”是孔丘思想理论的核心，也是儒家学派道德规范的最高标准。他又说“朝闻道，夕死可矣”，假如早晨听到真理，就是晚上死去也是心甘情愿的，他一生都在为追求仁爱而不懈努力。他提出“见贤思齐焉，见不贤而内自省也”的观点，强调身体力行，见到有贤德的人便应当向他看齐，见到不讲道德的人应当反省，看自己有没有和他相同的毛病，把立德做人摆到头等重要的位置。

孔丘特别强调孝道，他说：“父母之年，不可不知也。一则以喜，一则以惧。”孝道是儒家学说中十分重要的理念，在现代家庭教育中，孝道是衡量一个人道德品质的重要方面。一个连自己的父母都不孝敬的人，还能爱国家吗？那么，怎样才能尽孝呢？孔丘说：“今之孝者，是谓能养。至于犬马，皆能有养。不敬，何以别乎？”仅仅能养活父母那是远远不够的，如果不敬重父母，那和饲养狗和马有什么区别呢？孔丘在回答子夏什么是孝时又说：“色难。有事，弟子服其劳；有酒食，先生馔，曾是以为孝乎？”他认为最难的是在父母面前经常表现出快乐的脸色。仅仅是有事的时候，替父母去做，有酒肉饭菜，让父母吃，而态度却很生硬冷淡，难道这就叫作孝吗？

《论语》在诚信、交友、处世、君子等方面也有十分生动而深刻的论述，孔丘的教育观点在《论语》中得到充分的体现。《论语》与《大学》《中庸》《孟子》被并称为“四书”。《论语》对中国的学校教育、家庭教育和社会教育产生了极为深远的影响。

（本篇中引用的《论语》原文均摘自以下图书：孔丘．论语［M］．学之，译注．西安：陕西师范大学出版社，2021.）

孟轲与《孟子》

一、孟轲与《孟子》简介

孟子（约公元前372—公元前289），名轲，字子舆，战国时邹国（今山东邹城东南）人，大约比孔丘晚百年。战国时期著名哲学家、思想家、政治家、教育家，是孔子之后、荀子之前儒家学派的代表人物，与孔子并称“孔孟”。

孟轲学识渊博，他继承和发展孔子的学说，宣扬“仁政”，最早提出“民贵君轻”的思想。

孟轲幼年和孔丘一样，在母亲的教育下成长，孟母教子的故事，史书上记载颇多，“孟母三迁”“断织喻学”是被后人所熟知的，孟母的言传身教对孟轲的成长具有重大的影响。孟轲对孔子备极尊崇，他在《公孙丑上》中说：“自生民以来，未有盛于孔子也。”“乃所愿，则学孔子也。”孟轲曾经游历齐、宋、魏、鲁等国，前后二十多年。孟轲一生的经历也很像孔丘，过着长期的私人讲学生活，中年以后怀着政治抱负，带着学生周游列国。随从的学生最盛的时候，是“后车数十乘，从者数百人”。他到了哪一国，都无所顾忌地批评国君，而他的政治主张却不被接受。孟轲晚年回到故乡，从事教育和著述。他说：“得天下英才而教育之”是最快乐的事。

孟轲的言论著作收录于《孟子》一书。《孟子》内容丰富，是儒家经典，对后世影响极为深远。其中《鱼我所欲也》《富贵不能淫》《得道多助，失道寡助》《生于忧患，死于安乐》等篇被编入中学语文教材。南宋朱熹把《孟子》与《论语》《大学》《中庸》合称为“四书”。孟轲的地位仅次于孔丘，被后人尊称为“亚圣”。

二、《孟子》名句选编、翻译、注释及点评

国之本在家

【名句】

孟子曰：“人有恒言，皆曰天下、国、家。天下之本在国，国之本在家，家之本在身。”（《孟子·离娄上5》/132）

【翻译】

孟子说：“常言都说，天下、国、家。天下的根本在于每个国家，国家的根本在于每个家庭，而每个家庭的根本在于每

个人自身。”

【注释】

恒言：常言。

【点评】

每个人都应当以敬畏的态度努力做好自己，然后才能够建设好每个家庭。而每个家庭都和谐美满，国家才能够秩序井然，天下才能够太平。

治家，是国之根本！

【名句】

夫人必自侮，然后人侮之；家必自毁，而后人毁之；国必自伐，而后人伐之。（《孟子·离娄上 8》/135）

【翻译】

人必定是自己不尊重自己，别人才会来侮辱他；一个家庭必定做了自我毁坏的事情，别人才会来毁坏它；一个国家必定是做了自相攻伐的事情，别的国家才会来攻打它。

【点评】

“自侮”“自毁”“自伐”，这是“侮之”“毁之”“伐之”的原因。要达到不“侮之”“毁之”“伐之”，就必须人人爱自己、爱自己的家庭、爱自己的国家。

得英才而教

【名句】

得天下英才而教育之。(《孟子·尽心上20》/266)

【翻译】

得到天下的优秀人才并把他们培养成真正的栋梁。

【点评】

孟子把培育英才当作己任，当成最大乐事，这是何等气概！

专心致志

【名句】

使弈秋诲两人弈，其一人专心致志，惟弈秋之为听。一人虽听之，一心以为有鸿鹄将至，思援弓缴而射之，虽与之俱学，弗若之矣。为是其智弗若与？曰：非然也。(《孟子·告子上9》/224)

【翻译】

让擅长下围棋的弈秋教两个人下棋，其中一人专心致志地学，只听他讲授，另一人虽然也在听，但一心想着有天鹅要飞过来，准备拿弓箭去射它，虽然和另一个人一起学习，成绩却不如人家好。是因为他的智力比不上人家吗？我看不是。

【注释】

鸿鹄（hú）：鹄鸿是大雁，天鹅，是古人对飞行高远鸟类的通称。

援：拿。

缴（zhuó）：拴在箭上的生丝绳，这里指拴着生丝绳的箭。

【点评】

学习就得专心致志，才能有所成；如果三心二意，“以为有鸿鹄将至，思援弓缴而射之”，必定一事无成。

恻隐之心

【名句】

恻隐之心，仁之端也；羞恶之心，义之端也；辞让之心，礼之端也；是非之心，智之端也。（《孟子·公孙丑上6》/59）

【翻译】

有同情的心理，是仁德的开始；有羞耻的心理，是义的开始；有谦让的心理，是礼的开始；有是非的心理，是智慧的开始。

【注释】

恻隐：哀痛，怜悯。

端：开端，开始。

【点评】

“恻隐之心”，孩子成长不可或缺的一环。父母的责任在于通过身边的小事培养孩子的同情心。

生命价值

【名句】

孟子曰：“鱼，我所欲也，熊掌亦我所欲也。二者不可得兼，舍鱼而取熊掌者也。生亦我所欲也，义亦我所欲也。二者不可得兼，舍生而取义者也。”（《孟子·告子上 10》/225）

【翻译】

孟子说：“鱼是我想要的，熊掌也是我想要的。如果两者不能同时得到，就舍弃鱼而选择熊掌。生命是我所热爱的，正义也是我所热爱的。如果两者不能同时得到，就舍弃生命而选择正义。”

【点评】

生命诚可贵，正义价更高。为了国家和民族，无数仁人志士抛头颅，洒热血，舍生而取义。

思考

【名句】

心之官则思，思则得之，不思则不得也。（《孟子·告子上15》/229）

【翻译】

心这样的器官是会思考的，思考才能有所得，不思考就不能得。

【点评】

“思则得之，不思则不得。”善于思考，就会有收获；不思考则一事无成。

【名句】

孟子曰：“尽信《书》，则不如无《书》。吾于《武成》，取二三策而已矣。”（《孟子·尽心下3》/285）

【翻译】

孟子说：“完全相信《书》，不如没有《书》。我读《武成》，不过只相信其中二三页罢了。”

【注释】

《武成》：《尚书》篇名。

策：竹简。

【点评】

读书是必要的，但读了后要善于思考，不能盲从；要懂得选取正确的，摒弃错误的，学以致用。

环境

【名句】

居移气，养移体，大哉居乎！（《孟子·尽心上36》/276）

【翻译】

居所改变气质，给养改变体质，环境真重要啊！

【点评】

“居”和“养”造就人，环境太重要啦！

修身

【名句】

孟子曰：“自暴者，不可与有言也；自弃者，不可与有为也。言非礼义，谓之自暴也；吾身不能居仁由义，谓之自弃也。仁，人之安宅也；义，人之正路也。旷安宅而弗居，舍正路而不由，哀哉！”（《孟子·离娄上10》/137）

【翻译】

孟子说："自己损害自己的人，是不可能和他谈出什么来的；自己放弃自己的人，是不可能和他干出什么来的。言语诋毁礼义的，叫作自己损害自己；自身不能遵循仁义行事的，叫作自己放弃自己。仁，是人安适的住宅；义，是人正当的道路。空着安适的住宅不住，舍弃正当的道路不走，多可悲啊！"

【注释】

暴：害。

非：非议，诋毁。

由：遵循。

旷：空置。

【点评】

"旷安宅而弗居，舍正路而不由，哀哉！"空着安适的住宅不住，舍弃正当的道路不走，多可悲啊！人应寻找正道，走正道！

【名句】

穷则独善其身，达则兼善天下。（《孟子·尽心上9》/261）

【翻译】

穷困不得志的时候，要管好自己，保持自己的道德修养；发达得志的时候，要努力让天下人都能得到好处。

【点评】

修身是基本功，不管得志与不得志，都要"独善其身"，修炼自己。

【名句】

孟子曰："子路，人告之以有过，则喜。禹闻善言，则拜。"（《孟子·公孙丑上8》/61）

【翻译】

孟子说："子路，别人指出他的过错时，便很高兴。大禹，听到有益的话时，就会向人家行礼。"

【点评】

"告之以有过，则喜""闻善言，则拜"，这是修身养性的根本。"则喜""则拜"，是进步的阶梯。

【名句】

孟子曰："言近而指远者，善言也；守约而施博者，善道也。"（《孟子·尽心下32》/299）

【翻译】

孟子说："言语浅近却意义深远，就是善言；遵守起来简便，施行起来恩泽广大，就是善道。"

【点评】

要做到"善言"与"善道"，就得学习，学习，再学习。

审美

【名句】

曰："可欲之谓善，有诸己之谓信，充实之谓美，充实而有光辉之谓大，大而化之之谓圣，圣而不可知之之谓神。乐正子，二之中，四之下也。"（《孟子·尽心下25》/295）

【翻译】

孟子说："值得别人喜爱的就叫善，自己确实拥有善就叫信，充实自身的善和信就叫美，充实自身的善和信并使它照耀四方的就叫大，大力推行善和信，使天下人受其教化的就叫圣，圣达到不可测知的程度就叫神。乐正子就处于善和信之中，而在美、大、圣、神之下。"

【注释】

乐正子：孟子的弟子。

【点评】

善、信、美、大、圣，人生修为努力的方向。

真诚

【名句】

是故诚者，天之道也；思诚者，人之道也。至诚而不动者，

未之有也；不诚，未有能动者也。(《孟子·离娄上12》/138)

【翻译】

所以真诚是自然的准则；追求真诚，是做人的准则。真心诚意还不能被打动的人从来没有过；不诚心是从来没法打动别人的。

【点评】

做人，就得真诚。真诚，是做人的基本准则。

孝顺

【名句】

人悦之、好色、富贵，无足以解忧者，惟顺于父母，可以解忧。(《孟子·万章上1》/172)

【翻译】

士人的喜爱、美丽的女子、财富和尊贵，都不足以消除舜的忧愁，只有得到父母的喜爱，才能真正消除他的忧愁。

【点评】

“惟顺于父母，可以解忧。”只有得到父母的喜爱，才能真正消除忧愁，这是作为子女应该努力做到的。

【名句】

大孝终身慕父母。(《孟子·万章上1》/172)

【翻译】

真正孝顺的人是终身怀恋父母的。

【点评】

孝顺父母应该是终身的，而不是一时的。

【名句】

人人亲其亲、长其长，而天下平。(《孟子·离娄上11》/138)

【翻译】

人人都亲近自己的双亲，尊敬自己的长辈，天下也就太平了。

【点评】

只有孝顺才能够治理好家，家治理好了，天下才能够太平。

处世

【名句】

孟子曰："非其道，则一箪食不可受于人；如其道，则舜受尧之天下不以为泰。子以为泰乎？"(《孟子·滕文公下4》/112)

【翻译】

孟子说："如果不合于道理，即使是一碗饭也不能接受；如果合于道理，那么舜从尧手里接过天下也不算过分。你认为过分吗？"

【注释】

一箪（dān）食：竹筒盛的食物。

【点评】

是否合于道理，关键在于辨别什么是"非其道"，什么是"如其道"。

【名句】

仁者爱人，有礼者敬人。爱人者，人恒爱之；敬人者，人恒敬之。（《孟子·离娄下28》/163）

【翻译】

有道德的人爱护他人，讲礼义的人尊敬他人。爱护他人的人，人们常常爱戴他；尊敬他人的人，人们常常尊敬他。

【点评】

做人，就要做"仁者""有礼者"，就要"爱人""敬人"。

【名句】

孟子曰："恭者不侮人，俭者不夺人。"（《孟子·离娄上16》/141）

【翻译】

孟子说："恭敬别人的人不会侮辱他人，节俭的人不会掠夺他人。"

【点评】

"不侮人""不夺人"，这是做人的行为准则。

【名句】

我知言，我善养吾浩然之气。（《孟子·公孙丑上 2》/49）

【翻译】

我能理解别人的言辞，我善于培养我的浩然之气。

【注释】

浩然：盛大流行的样子。

【点评】

既善于分析和理解别人的言论，又善于培养浩然之气，就能立于不败之地，永远向前。

【名句】

以力服人者，非心服也，力不赡也。以德服人者，中心悦而诚服也，如七十子之服孔子也。（《孟子·公孙丑上 3》/56）

【翻译】

依靠武力征服别人的，别人并不是从心里屈服，而是因为实力不足。依靠道德使他人服从的，是心中高兴发自内心的服从，就像七十弟子服从孔子那样。

【注释】

赡：足。

【点评】

人与人相处，不能“以力服人”，而应“以德服人”；“以德服人”，才能让人“心悦而诚服”。

【名句】

不以规矩，不能成方圆。（《孟子·离娄上1》/128）

【翻译】

没有用圆规和曲尺，就不能正确画出方形和圆形。

【注释】

规矩：画圆形和方形的工具。规，画圆形的工具；矩，画方形的工具。

【点评】

工具很重要，因为“不以规矩，不能成方圆”。

【名句】

孟子曰：“人不可以无耻。无耻之耻，无耻矣。”（《孟子·尽心上6》/259）

【翻译】

孟子说：“人不可以不知羞耻。不知羞耻这种羞耻，是真的没有羞耻了。”

【点评】

羞耻心，人成长的内在动力；“无耻之耻”，没有羞耻心这种羞耻，是最大的羞耻，是最危险的。

【名句】

孟子曰：“贤者以其昭昭，使人昭昭；今以其昏昏，使人昭昭。”（《孟子·尽心下20》/292）

【翻译】

孟子说：“贤人自己明白了，再使别人明白；现在的人自己稀里糊涂，却想使人明白。”

【点评】

父母要教育子女，必须自己先成为贤者，“以其昭昭”，才能“使人昭昭”。

【名句】

生于忧患而死于安乐。（《孟子·告子下15》/253）

【翻译】

忧虑祸患能促使人生存发展，而沉溺于安乐之中，常常使人自取灭亡。

【点评】

“忧患”是坏事，但经历了忧患，能磨砺心志、增长才干；

“安乐”是好事，但若贪图享受，坐享其成，好事则变坏事。只有走出安乐舒适圈，才能有所成就。

【名句】

孟子曰：“人有不为也，而后可以有为。”(《孟子·离娄下8》/154)

【翻译】

孟子说：“人要有所不为，然后才会有所作为。”

【点评】

人活在世上，必须懂得什么事不可为，坚决摒弃不能为的事情，才能有所作为，做人要光明磊落，勇敢正直，为他人、为社会做些有益的事情。

【名句】

孟子曰：“孔子登东山而小鲁，登泰山而小天下。”(《孟子·尽心上24》/269)

【翻译】

孟子说：“孔子登上东山，觉得鲁国变小了；登上泰山，觉得天下变小了。”

【点评】

“登东山而小鲁，登泰山而小天下。”登高才能望远，不能坐井观天。

【名句】

曹交问曰：“人皆可以为尧、舜，有诸？”孟子曰：“然。”（《孟子·告子下2》/235）

【翻译】

曹交问道：“人人都可以成为尧、舜，有这种说法吗？”孟子说：“有。”

【注释】

曹交：曹国国君的弟弟，名交。

【点评】

“人皆可以为尧、舜”，人人都可以成为尧、舜，这是何等气概！

品格

【名句】

富贵不能淫，贫贱不能移，威武不能屈，此之谓大丈夫。（《孟子·滕文公下2》/109）

【翻译】

荣华富贵不能迷乱他的思想，生活贫困、地位低微不能改变他的操守，强权威逼不能征服他的意志，这才是真正的大丈夫。

【注释】

淫：乱其心。

移：变其节。

屈：挫其志。

【点评】

“不能淫”“不能移”“不能屈”，能抵得住诱惑，捱得住贫穷，不畏惧强权，是衡量一个人品行的标准。

【名句】

得道者多助，失道者寡助。寡助之至，亲戚畔之；多助之至，天下顺之。以天下之所顺攻亲戚之所畔，故君子有不战，战必胜矣。（《孟子·公孙丑下 1》/65）

【翻译】

得到正义的帮助，支持他的人就多，失掉正义的帮助，支持他的人就少。帮助他的人少到极点时，连亲戚都反对他；帮助他的人多到极点时，全天下都归顺他。用天下都顺从的力量去攻打反对的力量，所以圣贤的君主要么不进行战争，如果战争就一定能够取得胜利。

【注释】

畔：通“叛”。

【点评】

“道”是正义；“得道者”是身上有正义感的人，是有道德的人。做人就应成为“得道者”。

自强

【名句】

故天将降大任于斯人也，必先苦其心志，劳其筋骨，饿其体肤，空乏其身，行拂乱其所为，所以动心忍性，曾益其所不能。（《孟子·告子下 15》/253）

【翻译】

所以说上天要把重任降在这个人身上，一定要先磨砺他的心志，劳累他的筋骨，让他的身体感到饥饿，让他的生活贫困，使他的每个行为都被扰乱，这样来触动他的内心，锻炼他的性格，增添他过去所不具备的能力。

【注释】

拂：违背。

曾：同“增”。

【点评】

不经历风雨，怎能见彩虹，没有人能够随随便便成功。要想获得成功，就“先苦其心志，劳其筋骨，饿其体肤，空乏其身”。

合作

【名句】

孟子曰："天时不如地利，地利不如人和。"（《孟子·公孙丑下1》/65）

【翻译】

孟子说："天时不如地利，地利不如人和。"

【点评】

"天时不如地利，地利不如人和"，"人和"是根本。"人和"，就会团结一心，积极创造条件，逐渐将地不利转为地利；"人和"，就会自觉努力，不断奋斗，等待时机，一旦时机成熟，就会战而胜之。

持之以恒

【名句】

虽有天下易生之物也，一日暴之，十日寒之，未有能生者也。（《孟子·告子上9》/223-224）

【翻译】

即使天下有一种最容易生长的植物，晒它一天，再冻它十天，也不会再生长了。

【注释】

暴：同“曝”，晒。

【点评】

任何植物，如果“一日暴之，十日寒之”，是不可能再生长的；学习也是如此，最忌“一曝十寒”，要持之以恒，才能有所长进。

三、《孟子》的历史意义及现代价值

孟轲是我国古代著名教育家，《孟子》是儒家经典。孟轲在《孟子·离娄上 5》中说，“天下之本在国，国之本在家，家之本在身”，强调每个人都应当以敬畏的态度努力做好自己，然后才能够建设好每个家庭，而每个家庭都和谐美满，国家才能够秩序井然，天下才能够太平。习近平总书记《在二〇一八年春节团拜会上的讲话》中指出：“中华民族历来重视家庭，正所谓‘天下之本在国，国之本在家’，家和万事兴。国家富强，民族复兴，最终要体现在千千万万个家庭都幸福美满上，体现在亿万人民生活不断改善上。千家万户都好，国家才能好，民族才能好。”（见《习近平关于注重家庭家教家风建设论述摘编》，第 11 页。）治理好每个家庭，是国家兴旺发达之根本！

在《孟子·离娄上 8》中，孟轲又指出“家必自毁，而后人毁之”，家庭必定是因为自己先做了毁坏它的事情，别人才会来毁坏它，强调每个人建设好家庭的极端重要性。要建设好家庭，必须教育好家中每个人。在《孟子·尽心上 20》中，他提出“得天下英才而教育之”的观点，他把培育英才当作己任，当作最大乐事，这是何等气概！

孟轲在《孟子》中反复强调为人子女一定要孝顺，他说，“大孝终身慕父母”，孝顺的人是会终身怀念父母的；“惟顺于父母，可以解忧”，只有孝顺父母，才能真正消除忧愁；“人人亲其亲、长其长，而天下平”，如果人人都亲近自己的双亲，尊敬自己的长辈，那么天下也就太平了，强调孝顺的极端重要性。

孟轲指出，“人告之以有过，则喜”“天时不如地利，地利不如人和”“苦其心志，劳其筋骨”“恭者不侮人，俭者不夺人”“登泰山而小天下”“人皆可以为尧、舜”“不以规矩，不能成方圆”“人不可以无耻。无耻之耻，无耻矣”，等等，这些名言警句激励了中华民族无数仁人志士，提升修养，努力奋斗，勇于做一个有仁有义的君子，做一个被人民群众敬仰的人。

《孟子》气势充沛，感情洋溢，逻辑严密，既滔滔雄辩，又从容不迫。用形象化的事物与语言说明复杂的道理是《孟子》的一大特点。其形式上虽然没有脱离语录体，但相比《论语》有了很大的发展，对后世散文家韩愈、柳宗元、苏轼等影响很大。

《孟子》在今天仍有积极的现实意义。

（本篇中引用的《孟子》原文均摘自以下图书：孟子［M］. 方勇，译注，北京：中华书局，2015 年第 2 版.）

李耳与《道德经》

一、李耳与《道德经》简介

李耳，字聃，被尊称为老子。据《史记》介绍："老子者，楚苦县厉乡曲仁里人也。姓李氏，名耳，字聃，周守藏室之史也。"李耳生卒年代不详，大约生于公元前580年，死于公元前500年，是一位知识渊博的学者。孔丘30多岁时曾专程去向他请教有关礼制的问题。李耳是春秋时代思想家、哲学家，道家学派创始人，著有《道德经》一书。

《道德经》，又称《老子》《道德真经》《五千言》《老子五千文》。《道德经》共81章，前37章为上篇"道经"，第38章以下为下篇"德经"。全书的思想结构是：道是德的"体"，德是道的"用"。《道德经》是中国历史上首部完整的哲学著作，共5000字左右。

李耳以"道"解释宇宙万物的演变：事物本身即阴阳的统一体，其内部不是单一的、静止的，而是复杂的和变化的。相互对立的事物会互相转化，即阴阳转化。书中包含大量朴素的辩证法观点，如认为一切事物均具有正反两面，并能由对立而转化，“祸兮，福之所倚，福兮，祸之所伏”，正是如此。

二、《道德经》名句选编、翻译、注释及点评

道经

【名句】

道可道，非常道；名可名，非常名。

无名，天地之始；有名，万物之母。（《道德经·道经一章》/1）

【翻译】

可以用语言表达清楚的道，就不是永恒不变的大道；可以叫出具体名字，就不是永恒不变的名字。

空虚无名的空间，是天地得以出现的开始；真实有名的基本物质，是万物的母亲，是万物得以产生的根源。

【注释】

道可道，非常道：可以用语言表达清楚的道，就不是永恒不变的道。字面中第一、第三个“道”，相当于今天讲的规律、真理。第二个“道”是说、描述的意思。常：永恒、通常。“常

道”，指一般的“道理”“人道”。

名可名，非常名：可以叫出具体名字，就不是永远存在的名字。第一、第三个“名”是名字的意思，是名词；第二个“名”是叫、称呼的意思，是动词。

无名：没有名字的东西，也即“无”，虚无。

有名：有名字的东西，这里指构成万物的最基本的物质元素。

【点评】

“道”是老子思想体系中的最高概念。老子强调他要讲的道，绝非人们一般指的道，不是一般的道理，即“非常道”。

【名句】

天下皆知美之为美，斯恶已；皆知善之为善，斯不善已。

（《道德经 · 道经二章》/10）

【翻译】

天下的人都知道美好的东西是美好的，那么丑陋的东西就显露出来了；都知道善良的事情是善良的，那么不善良的事情就显露出来了。

【注释】

斯恶已：斯，就；恶，丑，作动词，显露出丑陋；已，通“矣”，句末语气词。

斯不善已：不善良的事情就暴露出来了。

【点评】

有美则有丑，有善则有恶，它们互相对立，互相依存；人们在处世中应扬美去丑，扬善去恶。

【名句】

有无相生，难易相成，长短相较，高下相倾，音声相和，前后相随。（《道德经·道经二章》/10）

【翻译】

有和无在相互对立中得以产生，难和易在相互对应中得以形成，长和短在相互比较中得以显现，高和下在相互依赖中得以存在，音和声在相互应和中得以区分，前和后在相互对比中相伴随。

【注释】

有无相生：物质和空间在相互对立中得以产生。有，物质存在；无，空间。

相较：在相互比较中存在。

相倾：相互依赖。倾，偏斜，偏倚。一个物体偏倚于另一个物体之上，给人一种互相依赖的感觉。

音声相和：音和声在相互应和中得以区分。自然而然发出的声音叫作“声”，经过修饰的声音叫作“音”，也即今天所说的音乐。

【点评】

有与无、难与易、长与短、高与下、音与声、前与后，都是相互依赖而存在的，这就是事物的辩证法。

【名句】

不尚贤，使民不争；不贵难得之货，使民不为盗；不见可欲，使民心不乱。（《道德经·道经三章》/14）

【翻译】

不崇尚、重用贤人，百姓就不会去争夺美名；不看重珍稀财宝，百姓就不会去偷窃；不显露那些可以引起欲望的事物，百姓的心就不会被搅乱。

【注释】

不尚贤：不崇尚、重用贤人。尚，崇尚，重用。

不贵难得之货：不看重金银珠宝之类的财物。

为盗：当盗贼。为，当。

不见可欲：不显露那些可以引起欲望的事物。见，同“现”，显露。

【点评】

贤人还是要用的，但李耳提出“不尚贤，使民不争”这一观点，也有极大的警示作用，它提醒人们在任用贤人时，一定要仔细考察，防止那些伪善者的欺骗行为。

【名句】

多言数穷，不如守中。（《道德经·道经五章》/24）

【翻译】

说得越多，词不达意，就越容易困窘，不如遵循不偏不倚的原则，适可而止。

【注释】

多言数穷：说得越多，就越发困窘。

守中：遵循不偏不倚的原则。

【点评】

“多言数穷”，适可而止。

【名句】

天长地久。天地所以能长且久者，以其不自生，故能长生。是以圣人后其身而身先，外其身而身存。非以其无私邪？故能成其私。(《道德经·道经七章》/32)

【翻译】

天地能够长久存在。天地之所以能长久，是因为它不是为自我而生存的，所以能长生。因此圣人把自己放在最后，他反而能够站在别人的前面；把自身置之度外，反而能长存。这不正是由于他无私，反而成全了他的私利。

【注释】

以其不自生：因为天地不是为自我而生存的。以，因为。

后其身而身先：把自己放在别人后面，就能得到别人的拥护，结果反而能占先机。

外其身而身存：把自身置之度外，反而能够长存。

邪（yé）：疑问语气词，通“耶”。

【点评】

只有“不自生”，才能“长生”；只有“后其身”，才能“身先”；只有“无私”，才能“成其私”。这是李耳的辩证思维。

【名句】

上善若水。水善利万物而不争，处众人之所恶，故几于道。（《道德经·道经八章》/36）

【翻译】

品德最美好的圣人就像水一样。水善于滋养万物而不与万物相争，它安居于众人所厌恶的低洼之地，所以说水的特性基本上符合大道的原则。

【注释】

上善：指上善之人，也可指最高尚的品德。

所恶：所讨厌的地方，指低洼之地。

几于道：基本上符合道的原则。

【点评】

“上善若水”是一个著名论题。水具有处下不争、施恩不求回报的特性，应该成为人们效仿的对象。

【名句】

金玉满堂，莫之能守。富贵而骄，自遗其咎。功遂身退，天之道。（《道德经·道经九章》/39）

【翻译】

金玉满堂，没有人能够守得住。富贵而骄傲，是自取灾亡。事业成功了，自己便隐去，正是大自然的规律。

【注释】

莫之能守：即“莫能守之”。莫，没有人；之，指代金玉满堂。

自遗其咎：自取灾难。遗，遗留，带来；咎，灾难。

功遂：事业成功。遂，成就，成功。

天之道：大自然的规律。

【点评】

“功遂身退，天之道。”事业成功了，自己便隐去，这既是大自然的规律，也符合现代用人推陈出新的法则，在今天仍有积极的现实意义。

【名句】

大道废，有仁义；智慧出，有大伪；六亲不和，有孝慈；国家昏乱，有忠臣。（《道德经·道经十八章》/71）

【翻译】

大道被抛弃之后，人们开始提倡仁义；智慧出现之后，就产生了严重的伪诈；亲人之间不和睦，便开始提倡孝慈；国家动乱时，才呼唤忠臣。

【注释】

大道废，有仁义：大道被抛弃之后，人们开始不仁不义，于是有人站出来提倡仁义。

六亲：指父、子、兄、弟、夫、妇，这里泛指亲人。

孝慈：子女爱父母叫孝，父母爱子女叫慈。

昏乱：混乱、动乱。

【点评】

孝慈与六亲不和，忠臣与国家昏乱，都是在对立中产生的。如果每个家庭都很和睦，也就无从显示出孝慈；如果国家太平无事，忠臣也就无从表现出对国家的忠诚。这就是事物中体现出的辩证法。

【名句】

曲则全，枉则直；洼则盈，敝则新；少则得，多则惑。（《道德经·道经二十二章》/88）

【翻译】

委曲反能求全，弯曲则能伸直；低洼反能充盈，破旧反能创新；少取反能多得，贪多反而迷惑。

【注释】

曲则全：忍受委屈则能保全自我。曲，委屈。

枉则直：弯曲的反而能够伸直。枉，弯曲。

洼则盈：低洼的地方反而流水能够变得充盈。洼，低洼。

敝则新：在守旧的基础上去创新。敝，破旧、陈旧。

多：贪多，贪得无厌。

惑：迷惑，犯错误。

【点评】

“曲则全，枉则直；洼则盈，敝则新；少则得，多则惑。”事物总是一分为二的，如委曲求全，以旧求新。大海地势最低，但储存水最多；人一旦变得谦虚，则支持的人最多，力量最强大。

【名句】

是以圣人抱一为天下式：不自见，故明；不自是，故彰；不自伐，故有功；不自矜，故长。夫唯不争，故天下莫能与之争。（《道德经·道经二十二章》/88）

【翻译】

因此，圣人与以上原则保持一致，从而成为天下人的楷模：他们不是仅仅依靠自己的眼睛去观察，所以能够看得清楚；从不自以为是，所以能够彰显名声；从不自我夸耀，所以能够有功劳；从不自高自大，所以能够成为领导者。正因为他们从不与人争夺，所以天下没有人能够争得过他们。

【注释】

抱一：坚持一致。抱，坚持。

式：楷模。

不自见：不要只依靠自己的眼睛去观察。

明：看得清楚。

彰：彰显。

伐：夸耀自己的功劳。

矜（jīn）：骄傲，傲慢。

长：领导者。这里作动词用，当领导者。

【点评】

“夫唯不争，故天下莫能与之争。”从不与人争夺，所以天下没有人能够赢得过他们，这是辩证的处世之道。

【名句】

希言自然。故飘风不终朝，骤雨不终日。（《道德经·道经二十三章》/92）

【翻译】

少说话，合乎自在本相。狂风刮不了整整一个早晨，暴雨下不了一整天。

【注释】

希言：少说话。希，同“稀”。

自然：本来的样子。

飘风不终朝（zhāo）：狂风刮不了整整一个早晨。飘风，狂风。

骤雨不终日：暴雨下不了一整天。骤雨，暴雨。

【点评】

“希言自然。”君主少发号施令，百姓则可以自由发展。

【名句】

企者不立，跨者不行；自见者不明，自是者不彰；自伐者

无功，自矜者不长。(《道德经·道经二十四章》/94)

【翻译】

踮起脚跟想站得高些反而站不稳，跨着大步想走得快些反而走不远；只依靠自己的眼睛去观察反而看不清楚，自以为聪明的反而名声不高；自我夸耀反而会把功劳夸没了，自高自大的人反而不能成为领导者。

【注释】

企者不立：踮起脚跟想站得高些反而站不稳。企，踮起脚跟；不立，站不稳。

跨者不行：跨着大步想走得快些反而走不远。跨，跨着大步。

自见者不明：只依靠自己的眼睛去观察反而看不清楚。

自伐者无功：自我夸耀反而会把功劳夸没了。伐，自我夸耀。

自矜者不长：自高自大的人不能成为领导者。矜，骄傲、傲慢。

【点评】

“企者不立，跨者不行。”欲速则不达，凡事不能急功近利，应按部就班，一步一个脚印，最后才能稳步向前。

“自见者不明，自是者不彰。”自以为是，目空一切，自高自大，自以为聪明，其结果反被聪明误。

“自伐者无功，自矜者不长。”自己夸耀自己的才能，夸耀自己的功劳，其结果反而把功劳夸没了。

【名句】

知人者智，自知者明。胜人者有力，自胜者强。知足者富，强行者有志。不失其所者久，死而不亡者寿。（《道德经·道经三十三章》/132）

【翻译】

能识透别人，算是有智慧；能看透自己，才更睿智。能战胜别人，算有力量；能战胜自己，则更为强大。知足的人富有，攻克己身、坚持力行的人有志气。不违背大道的人能够长久生存，死而精神永存的人才是真正的长寿。

【注释】

知人者智：能够认识别人的人是聪明的。

自知者明：能够认识自我的人更为聪明。

知足者富：知道满足的人才是富有的人。

强行：坚持力行。

不失其所者久：不违背大道的人能够长久生存。

死而不亡者寿：身死而道存的人才是真正的长寿。

【点评】

“自知者明”，能够认识自我的人聪明；“自胜者强”，能战胜自己，则更为强大。人应该主动积极做“自知者”“自胜者”。

【名句】

将欲歙之，必固张之；将欲弱之，必固强之；将欲废之，必固兴之；将欲夺之，必固与之。是谓微明，柔弱胜刚强。（《道

德经·道经三十六章》/146）

【翻译】

要削弱自己的对手，必须暂时让对方扩张；要削弱的，必先让它强大；要废弃的，必先兴起一会儿；要夺取的，必先给予。这是微妙的道理，柔弱的胜于刚强的。

【注释】

歙（xī）之：削弱自己的对手。歙，削弱；之，泛指对手。

必固张之：必须暂时让对手扩张开来。

必固与之：必须暂时先给对手一些好处。与，给，同“予”。

微明：微妙的道理。

【点评】

“柔弱胜刚强”，千古名言。

德经

【名句】

大成若缺，其用不弊。大盈若冲，其用不穷。大直若屈，大巧若拙，大辩若讷。静胜躁，寒胜热。清静，为天下正。（《道德经·德经四十五章》/191）

【翻译】

那完善至极的，看起来却好像欠缺的样子，然而它的作用永不衰竭。那丰盈四溢的，看起来却好像虚无的样子，然而它的作用没有穷尽。最正直的看上去像弯曲，最聪明的看上去像愚拙，最善辩的看上去像口讷。安静胜于躁动，一如寒冷抵御炎热。唯有清静，是天下的正道。

【注释】

大成若缺，其用不弊：最成功的好似有所欠缺，但其作用将永远存在。弊，破，坏掉。

冲：空虚，一无所有。

屈：弯曲。

大巧若拙：最巧妙的看似笨拙。

讷（nè）：不善言辞。

静胜躁（zào）：安静胜过躁动。躁，躁动、运动。

【点评】

“大直若屈，大巧若拙，大辩若讷”，充满辩证法，其中“大巧若拙”为千古名言。

【名句】

祸莫大于不知足，咎莫大于欲得。故知足之足，常足矣。(《道德经·德经四十六章》/194)

【翻译】

最大的灾祸是不知满足，最大的危险是贪得无厌。因此懂得满足的这种满足，才是一种永恒的满足。

【注释】

咎（jiù）：灾祸。

欲得：贪得无厌。

【点评】

满足应该有一个度，贪得无厌，永远不满足是很危险的。“知足之足，常足”，懂得满足的这种满足，才是一种永恒的满足。

【名句】

祸兮福之所倚，福兮祸之所伏。孰知其极？（《道德经·德经五十八章》/239）

【翻译】

灾祸是福气产生的前提，福气是灾祸潜藏的处所。祸福相互交替，谁能知道最后的结果是祸是福呢？

【注释】

倚：靠，紧紧地挨着。

伏：埋伏。

孰：谁。

极：终极，最后的结果。

【点评】

“祸兮福之所倚，福兮祸之所伏”，千古名言。

【名句】

合抱之木，生于毫末；九层之台，起于累土；千里之行，始于足下。（《道德经·德经六十四章》/262）

【翻译】

合抱的粗木，是从细如针毫时长起来的；九层的高台，是一筐土一筐土筑起来的；千里的行程，是一步一步迈出来的。

【注释】

毫末：毫毛的尖端。毫，长而尖的毛。

累：装土的筐子。

【点评】

“九层之台，起于累土；千里之行，始于足下。”从小事做起，一步一个脚印，不断积累，才能到达胜利的彼岸。

【名句】

人之生也柔弱，其死也坚强。草木之生也柔脆，其死也枯槁。故坚强者死之徒，柔弱者生之徒。

是以兵强则灭，木强则折。强大处下，柔弱处上。（《道德经·德经七十六章》/298）

【翻译】

人初生时身体是柔软的，死后的身体是坚硬的。草木初生时是柔软的，死后是枯槁的。所以追求刚强是一条死路，保持柔弱是一条生路。

因此用兵逞强就会灭亡，树木强大了就会被砍伐折断。坚硬庞大的东西总是处于下面，柔软微小的东西总是居于上面。

【注释】

柔弱：指身体柔软。

坚强：坚硬。

枯蒿：草木枯槁后，是僵硬而不是柔软的。

徒：道路，途径。徒，通“途”。

【点评】

“强大处下，柔弱处上”，柔能克刚就是这个道理。

三、《道德经》的历史意义及现代价值

李耳是中国古代伟大的哲学家和思想家，道家学派创始人。《道德经》是中国古代一部完整的哲学著作，内容非常丰富，涉及哲学、政治、军事、为人处世等方面，提出了许多为时人所忽略的重大问题，显得大气恢宏，发人深省。

“道”的本义是道路，人们从某地到某地，必须通过某条道路，否则就无法到达目的地。同样道理，包括人在内的万物要想达到某种目的，就必须遵循某种规律，否则就无法成功。所谓“道”，是天地间所有规律、真理的总称，是整体，是客观存在的；所谓“德”，是指具体事物的规律、本性，是个别，是主观存在的。

李耳认为，世间事物均为“有”与“无”之统一，“有、无

相生”，而“无”为基础，“天下万物生于有，有生于无”。李耳提出的“无为而治”的思想，对早期的社会稳定与发展起到了重要作用。从西汉的“文景之治”到唐朝的“贞观之治”都有运用李耳“无为而治”的思想，并且都起到了一定的作用。《道德经》中也有大量的民本思想：“天之道，损有余而补不足，人之道则不然，损不足以奉有余”“民之饥，以其上食税之多”；“民之轻死，以其上求生之厚”“民不畏死，奈何以死惧之”这些观念均为百姓所乐道。

《道德经》中的很多论述充满辩证观点，给人以启迪：

“曲则全，枉则直；洼则盈，敝则新；少则得，多则惑。”事物总是一分为二的，大海地势最低，但储存的水最多；人一旦谦虚了，支持的人最多，力量最强大。

“不自见，故明；不自是，故彰；不自伐，故有功；不自矜，故长。”优秀的人不仅仅靠自己的眼睛去观察，所以看得清楚；从不自以为是，所以能够彰显名声；从不自我夸耀，所以才能够有功劳；从不自高自大，所以才能够成为有为者。

“企者不立，跨者不行；自见者不明，自是者不彰；自伐者无功，自矜者不长。”踮起脚跟想站得高些反而站不稳，跨着大步想走得快些反而走不远；只是依靠自己的眼睛去观察反而看不清楚，自以为聪明的反而名声不高；自我夸耀反而把功劳夸没了，自高自大的人反而不能成为领导者。

《道德经》中的很多名句为百姓所熟知，已成为千古名言：

“祸兮福之所倚，福兮祸之所伏。”“千里之行，始于足下。”“自知者明，自胜者强。”“上善若水。”“柔弱胜刚强。”“大巧若拙。”等等。

李耳的哲学思想和由他创立的道家学派，不但对中国古代思想文化的发展作出了重要贡献，而且对中国2000多年来思想文化的发展产生了深远的影响。

李耳是世界文化名人。李耳的著作、思想早已成为世界历史文化遗产的宝贵财富。欧洲从19世纪初就开始了对《道德经》的研究，到20世纪四五十年代，欧洲共有60多种《道德经》译文，德国哲学家黑格尔、尼采，俄国大作家托尔斯泰等世界著名学者对《道德经》都有深入的研究。苏联汉学家李谢维奇说，“老子是国际的”。在现时的德国、法国、英国、美国、日本等发达国家相继兴起了“老子热”，《道德经》一书在这些国家被一再出版。

（本篇中引用的《道德经》原文均摘自以下图书：道德经［M］．张景，张松辉，译注．北京：中华书局，2021.）

朱熹与《朱子家训》

一、朱熹与《朱子家训》简介

朱熹（1130—1200），字元晦，后改名仲晦，号晦庵，别号紫阳。祖籍徽州婺源（今属江西省），出生于福建尤溪，侨寓建阳（今福建省武夷山）崇安。

朱熹是南宋著名理学家、思想家、哲学家、教育家、诗人、文学家。他继承了北宋程颢、程颐的学说，创立宋代研究哲理的学风，称为理学，是宋代理学的集大成者。他认为理是世界的本质，“理在先，气在后”，提出“存天理，灭人欲”的道德观念。

《朱子家训》原载《紫阳朱氏宗谱》，原题为《紫阳朱子家训》。南宋中期，金、蒙南侵，赋税苛重，百姓怨声载道，民族危机深重，社会动荡不安。为了稳定国家秩序，加强家庭和社会的凝聚力，朱熹以弘扬理学为己任，奉行“格物致知、实践居敬”的教育理念，力求重整伦理纲常、道德规范，重建价值理想、精神家园。《朱子家训》正是在这样的背景下产生的。

朱熹长期从事讲学活动，精心编撰了《四书集注》等多种教材，培养了众多人才。他的教育思想博大精深，其中最值得关注的，一是论述“小学”和“大学”教育，二是关于“朱子读书法”。

朱熹认为，8～15 岁为小学教育阶段，其任务是培养“圣贤坯璞”。他提出小学教育的内容是“学其事”，主张儿童在日常生活中，通过具体行事，懂得基本的伦理道德规范，养成一定的行为习惯，学习初步的文化知识技能。朱熹认为，15 岁以后的大学教育任务是在“坯璞”的基础上再“加光饰”，把他们培养成为国家所需要的人才。朱熹认为，与重在“教事”的小学教育不同，大学教育的重点是“教理”，即重在探究事物之所以然。

“朱子读书法”六条，即循序渐进、熟读精思、虚心涵泳、切己体察、着紧用力、居敬持志。“朱子读书法”比较集中地反映了我国古代对于读书方法的研究成果，其中不乏合理的内容，值得我们借鉴。

二、《朱子家训》名句选编、翻译、注释及点评

家庭和睦

【名句】

父之所贵者，慈也；子之所贵者，孝也；兄之所贵者，友

也；弟之所贵者，恭也；夫之所贵者，和也；妇之所贵者，柔也。

【翻译】

做父母的所珍贵的是慈爱，疼爱子女；做子女的所珍贵的是孝敬，孝顺父母；做兄长的所珍贵的是友爱，爱护弟弟；做弟弟的所珍贵的是恭敬，尊敬兄长；做丈夫的所珍贵的是和谐，与妻子和睦相处；做妻子的所珍贵的是温柔，对丈夫温顺。

【注释】

贵：珍贵，尊重，重视。

柔：和，顺。

【点评】

朱熹的《朱子家训》从“慈、孝、友、恭、和、柔”诸方面对父子、兄弟、夫妻之间的伦理道德关系作了重要论述，指出每个人在家庭中相应的角色义务和应尽的道德责任，构建了彼此关怀、相亲相爱的理想家庭图景。

对每个人来说，家庭都是人生的起点，也是休息和生活的港湾。营造一个温馨的家，创造和睦的家庭生活，无论是在过去，现在，还是将来，都是人们追求的亘古不变的目标。

人际和谐

【名句】

慎勿谈人之短，切莫矜己之长。仇者以义解之，怨者以直报之，随所遇而安之。人有小过，含容而忍之；人有大过，以理而谕之。勿以善小而不为，勿以恶小而为之。人有恶，则掩之；人有善，则扬之。

【翻译】

不要随便议论别人的缺点，切莫夸耀自己的长处。对有仇隙的人，用摆事实讲道理的办法来化解仇恨；对埋怨自己的人，用坦诚正直的态度来对待他；不论处在任何环境，都能安然自得，感到满足。别人有小过失，要谅解容忍；别人有大错误，要按道理劝导、帮助他。不要因为是微小的好事就不去做，不要因为是微小的坏事就去做。别人做了坏事，应该帮助他改过，不要宣扬他的恶行；别人做了好事，应该多加宣扬。

【注释】

矜：夸耀。

直：正直。

随所遇而安之：处在任何环境中，都能安然自得，感到满足。随，顺从；遇，境遇。

含容：宽容。

谕：劝导，告示。

掩：掩盖，掩饰。

扬：传播，称颂。

【点评】

“慎勿谈人之短，切莫矜己之长。”在人际交往过程中，不要随便议论别人的缺点，切莫夸耀自己的长处，要坚持从自己做起，从我做起。

“随所遇而安之”，不论处在任何环境，都能安然自得，随遇而安，感到满足。人际和谐，这是为人处世之道。

重德修身

【名句】

见老者，敬之；见幼者，爱之。有德者，年虽下于我，我必尊之；不肖者，年虽高于我，我必远之。

【翻译】

遇见老人要尊敬他，遇见小孩要爱护他。有德行的人，即使年纪比我小，我一定要尊敬他；品行不端的人，即使年纪比我大，我一定要远离他。

【注释】

下：小于。

不肖：不才，不贤。

【点评】

“敬之”“爱之”“尊之”“远之”，深刻表达了朱熹重德修身的教育思想。

【名句】

处世无私仇，治家无私法。勿损人而利己，勿妒贤而嫉能。勿称忿而报横逆，勿非礼而害物命。见不义之财勿取，遇合理之事则从。

【翻译】

待人处事不结私人仇怨，治理家务不要另立私法。不要做损人利己的事，不要妒忌贤才和有能力的人。不要声言气愤对待蛮不讲理的人，不要违反正当事理而随便伤害人和动物的生命。不要接受不义的财物，遇到合理的事物要顺从、拥护。

【注释】

称忿而报横逆：不要声言气愤对待蛮不讲理的人。称，兴、举；横逆，强暴无礼。

【点评】

“勿损人而利己”“勿妒贤而嫉能”“勿称忿”“勿非礼”，表达的是朱熹为人处世的行为准则。而“无私仇”“无私法”与“勿取”“则从”，反映了朱熹处世为公的人生态度。

【名句】

诗书不可不读，礼义不可不知。子孙不可不教，僮仆不可不恤。斯文不可不敬，患难不可不扶。守我之分者，礼也；听我之命者，天也。人能如是，天必相之。

【翻译】

诗书不可不勤读，礼义不可不懂得。子孙不可不教育，童仆不可不怜恤。有德行、有学识的人不可不尊敬，处于危难中的人不可不帮助。谨守做人的本分，就合乎礼的规范；这样做也就完成了天地万物赋予的使命，顺乎天命的道理法则。如果做到以上这些，老天也会相助。

【注释】

恤：体恤。

斯文：文人学者。

扶：扶持，帮助。

听：听从，接受。

天：天命，命运。

【点评】

“诗书不可不读，礼义不可不知。”诗书是指“圣贤”之书，如《诗》《书》《礼》《乐》《易》《春秋》等儒家典籍。礼义是指“孝悌诚敬”，孝敬老人、诚实做人等。朱熹认为，读圣贤书才可以修德，识礼义才可以养气。人因读书而美丽，人因识礼而高雅。

【名句】

事师长贵乎礼也，交朋友贵乎信也。

【翻译】

侍奉师长要有礼貌，交朋友应当重视信用。

【点评】

“事师长贵乎礼也，交朋友贵乎信也。”这“礼”和“信”，体现了朱熹重德修身的思想。

三、朱熹《朱子家训》原文

君之所贵者，仁也；臣之所贵者，忠也；父之所贵者，慈也；子之所贵者，孝也；兄之所贵者，友也；弟之所贵者，恭也；夫之所贵者，和也；妇之所贵者，柔也。事师长贵乎礼也，交朋友贵乎信也。

见老者，敬之；见幼者，爱之。有德者，年虽下于我，我必尊之；不肖者，年虽高于我，我必远之。慎勿谈人之短，切莫矜己之长。仇者以义解之，怨者以直报之，随所遇而安之。人有小过，含容而忍之；人有大过，以理而谕之。勿以善小而不为，勿以恶小而为之。人有恶，则掩之；人有善，则扬之。

处世无私仇，治家无私法。勿损人而利己，勿妒贤而嫉能。勿称忿而报横逆，勿非礼而害物命。见不义之财勿取，遇合理之事则从。诗书不可不读，礼义不可不知。子孙不可不教，僮仆不可不恤。斯文不可不敬，患难不可不扶。守我之分者，礼也；听我之命者，天也。人能如是，天必相之。此乃日用常行之道，若衣服之于身体，饮食之于口腹，不可一日无也，可不慎哉！

四、朱熹《朱子家训》的历史意义及现代价值

朱熹世称朱子，是孔子、孟子以来最杰出的弘扬儒学的大师。

朱熹学识渊博，对经学、史学、文学、乐律乃至自然科学都有研究。他既是我国历史上著名的思想家，又是一位著名的教育家。朱熹的学说不仅成为中国的国学，而且从 14 世纪开始，就已经相继流传至日本、朝鲜等东南亚诸国。

《朱子家训》寥寥数百字，却全面阐述了朱熹关于做人的准则：仁、义、礼、智、信。《朱子家训》字字珠玑，是朱熹治家、做人思想的浓缩。《朱子家训》倡导家庭和睦、人际和谐、重德修身，在今天，对我们每个家庭都具有十分重要的指导意义。

“慎勿谈人之短，切莫矜己之长。”朱熹强调，在人际交往过程中，不要随便议论别人的缺点，切莫夸耀自己的长处，要坚持从自己做起。

“勿损人而利己”“勿妒贤而嫉能”，表达的是朱熹为人处世的行为准则。

“诗书不可不读，礼义不可不知。”朱熹认为，读圣贤书才

可以修德，识礼义才可以养气。人因读书而美丽，人因识礼而高雅。

朱熹这些名言警句，对人的道德修养提出了切实可行的具体要求，对后人产生了深刻的影响。

（本篇中引用的《朱子家训》原文均摘自以下图书：文景 . 历代家训［M］. 北京：中国人口出版社，2018：131-132.）

袁了凡与《了凡四训》

一、袁了凡与《了凡四训》简介

袁了凡（约1533—1606），初名表，后改名黄，字庆远，初号学海，后改了凡，浙江嘉善人。他博学多才，涉足广泛，学问深邃，文理双全，是明朝著名的思想家、农学家、水利学家、历法学家等。

袁了凡小时候不仅聪颖，而且学习非常用功。万历十四年（1586）中进士，十六年授宝坻知县，颇有政绩，被誉为“宝坻建县800多年来最受人称道的好县令”。七年后，升任兵部职方司主事。后回归乡里，著书立说，担任《嘉善县志》主笔。作为一位思想家、文学家，袁了凡在许多方面作出了贡献，他的思想闪烁着耀眼的光辉。共计有著述22部，《了凡四训》最具影响力。

《了凡四训》是袁了凡写给儿子袁天启的四封家书，共11600多字，由“立命之学”“改过之法”“积善之方”“谦德之效”四篇组成。《了凡四训》作为一部家训，其中的告诫多以袁了凡的儿子袁天启熟悉的亲人、亲戚和乡亲作为例子，即所谓“用身边事来教育身边人”。袁了凡告诫他的儿子，要认识命运的真相，明辨善恶的标准，改过迁善的方法。

袁了凡在家学传统的培养中成长，其曾祖父袁颢在《袁氏家训》中，提倡救世助人、积善行善、谦虚修德等训诫。他的父亲袁仁博学又善于教育，对袁了凡早年的影响极大。家庭的训诫，良好的家风，潜移默化的家庭教育，为袁了凡思想的形成播下了优良的种子。

二、《了凡四训》名句选编、翻译、注释及点评

立命之学

【名句】

命由我作，福自己求。（《了凡四训·立命之学》/24）

【翻译】

一个人的命运由自己造成，幸福也是由自己求得的。

【点评】

命运是我们自己创造的，与别人不相关，福报是要靠自己去争取的。作恶就自然折福，修善就自然得福，人应该成为自己幸福的主宰者。

【名句】

善心真切，即一行可当万善，况合县减粮，万民受福乎！（《了凡四训·立命之学》/61）

【翻译】

做善事要心存真诚恳切，即使只有一件善事，也可以抵得过一万件善事了，何况全县减免钱粮，上万民众受到了福荫呢！

【点评】

做人要有“善心”，不可虚情假意，企图回报。

【名句】

远思扬祖宗之德，近思盖父母之愆；上思报国之恩，下思造家之福；外思济人之急，内思闲己之邪。（《了凡四训·立命之学》/65）

【翻译】

讲到远的，应该想到把祖先的美德传扬开来，讲到近的，父母若有过失，应该替他们遮掩起来；讲到向上，应该想到报答国家的恩惠，讲到对下，应该想到为家庭创造福德；说到对外，应该想到救济别人的急难，说到对内，应该预防自己思想变异，走上邪路。

【注释】

愆（qiān）：罪过，错误。

闲：限制，防止。

【点评】

远思、近思、上思、下思、外思、内思，这“六思”值得我们在实践中反复思考：对上要想着报效国家，对下要考虑造福家庭；对外在别人有困难的时候要给予周济，对内要时时自省，防止走上邪路。

“近思盖父母之愆”，这种“亲亲互隐”的观念带有时代的局限性，读者在运用时应予以甄别。

【名句】

务要日日知非，日日改过；一日不知非，即一日安于自是；一日无过可改，即一日无步可进。天下聪明俊秀不少，所以德不加修，业不加广者，只为因循二字，耽阁一生。（《了凡四训·立命之学》/66）

【翻译】

一个人每天都要了解自己做得不对的地方，每天都要改正这些地方；若是一天不知道自己的过失，就会在这一天里安心于自以为是的状态；每天都无过可改，就是每天都没有进步。天底下聪明伶俐的人实在不少，然而他们道德上不肯用功去修，事业不能用功去做，就在于“因循”两个字，得过且过，耽搁了一生。

【点评】

坚持“日日知非，日日改过”，人就会不断进步，不断前进。

改过之法

【名句】

至诚合天，福之将至，观其善而必先知之矣；祸之将至，观其不善而必先知之矣。今欲获福而远祸，未论行善，先须改过。（《了凡四训·改过之法》/69）

【翻译】

一个人能够做到极诚实，这个人的心就可以与天相合了，福分就会自然降临，观察一个人，只要看他的行为都是善的，就可以预知他的福分就要来了；相反，观察一个人，只要看他的行为都是不善的，就可以预知他的祸患就要来了。人若要得到福报而远离灾祸，在没有谈到做善事之前，必须先把自己的过失改掉。

【点评】

做人，应做到"至诚合天"，毫无半点虚假，用诚心处人处事；改过是积善的先决条件，要避祸求福，就得先改过自新。

【名句】

孟子曰："耻之于人大矣。"以其得之则圣贤，失之则禽兽耳。此改过之要机也。（《了凡四训·改过之法》/73）

【翻译】

孟子说："一个人最大的、最要紧的事情就是这个'耻'字。"就因为晓得这个'耻'字，就会把自己的过失尽量改掉，就可以成为圣贤；若不晓得这个'耻'字，就会放肆乱来失掉人格，便和禽兽无异了。这是改过的真正秘诀。

【点评】

"知耻"是十分重要的，它是改造命运的开端，也是改造命运的动力。能做到"知耻"就是圣贤，"不知耻"便等同于禽兽。

【名句】

故过不论久近，惟以改为贵。(《了凡四训·改过之法》78)

【翻译】

所以过错不论大小或时间远近，只要知错能改，就是了不起，就是难能可贵的了。

【点评】

一个人犯错是不可避免的，犯错了，改了就好，"惟以改为贵"啊！

【名句】

人不改过，多是因循退缩；吾须奋然振作，不用迟疑，不烦等待。小者如芒刺在肉，速与抉剔；大者如毒蛇啮指，速与斩除，无丝毫凝滞。此风雷之所以为益也。(《了凡四训·改过之法》/81)

【翻译】

人们有了过失不肯改正，大多是因为畏难退缩的缘故。我们一定要发奋振作，不要迟疑，不要等待。小的过失，就像尖刺戳在肉里，要赶紧剔除拔掉；大的过失，像毒蛇咬到手指头，要赶紧斩断手指头，不能有丝毫犹疑的念头。这就像《易经》所讲，以雷厉风行的速度，果断去做一件事，就能获得好处。

【注释】

因循：流连、徘徊。

抉剔：挑取。

此风雷之所以为益也：《易经·益》："风雷，益；君子以见善则迁，有过则改。"意思是说：风雷相助，象征增益。君子因此看见善行就倾心向往，有了过失就迅速改正。

【点评】

作者用"小者如芒刺在肉，速与抉剔"与"大者如毒蛇啮指，速与斩除，无丝毫凝滞"作比喻，形象生动。人若能够改过迁善，就能获得最大的收益。

【名句】

又思天下无自是之豪杰，亦无尤人之学问；有不得，皆己之德未修，感未至也。(《了凡四训·改过之法》/86)

【翻译】

又想到天下没有自以为什么错都没有的英雄豪杰，也没有指责、怨恨别人的学问。如果有得不到的，都是因为自己的德行没修炼好，不能感化别人所致。

【点评】

一个人自以为了不起，那是最笨的人；一个人若真正有学问，就会严以责己，宽以待人，不会怨恨别人。人应该学会自我反省、检讨。

【名句】

何谓从心而改？过有千端，惟心所造；吾心不动，过安从生？（《了凡四训·改过之法》/90-91）

【翻译】

什么叫作从心里改过呢？人的过失，有千千万万种那么多，都是从心里生出来的。我的心不动，就什么事情都不会产生，那么过失还会从何处生出来呢？

【点评】

心动，才能改过；心不动，就不能改过自新。

【名句】

但当一心为善，正念现前，邪念自然污染不上。（《了凡四训·改过之法》/91）

【翻译】

只要一心一意地发善心，做善事，正的念头在前面出现，那么邪的念头自然就污染不上了。

【点评】

“善”能压“邪”就是这个道理。

【名句】

苟一类此，即须奋发，舍旧图新，幸勿自误。（《了凡四训·改过之法》/97）

【翻译】

一出现上边所说的那种现象，就应该即刻提起精神，奋发向上，把种种旧的过失一齐改掉，而另开辟一条新的人生大道，希望你千万别自己耽误自己啊！

【点评】

既要“舍旧”，又要“图新”，“奋发”向前，就不会“自误”。

积善之方

【名句】

《易》曰：“积善之家，必有余庆。”（《了凡四训·积善之方》/100）

【翻译】

《周易》说：“经常行善的家庭，一定会有很多福分喜庆的事。”

【点评】

积善，是良好的家风，家庭教育之本；积善，是无价之宝，它必定会传给子孙，造福后代。

【名句】

为善而不穷理，则自谓行持，岂知造孽，枉费苦心，无益也。(《了凡四训·积善之方》/134)

【翻译】

做善事而不考究事物的情理，自以为自己在修行，却不知道有可能是在作孽，这样做岂不是枉费苦心，徒劳无益。

【注释】

穷理：追究事物之理。

行持：施用。

【点评】

只有“穷理”，即做事考究事物的情理，才不至于好心办坏事。

【名句】

非礼之礼，非信之信，非慈之慈，皆当抉择。(《了凡四训·积善之方》/145)

【翻译】

礼貌是人人都应该有的，但是要有分寸，用礼貌对待人，是礼，但若是过分，反而会使人骄傲起来，就成为非礼了，这就叫作非礼之礼；信用虽要紧，但也要看状况，要是顾全小信，却误了大事，反而使大信不能顾全，就变成非信了，这就叫作非信之信；爱人本来是慈，但因为过分的慈爱，反而使人胆子变大，闯出大祸，那就变成不慈了，这就叫作非慈之慈。这些问题，都应该仔细地加以判断，分别清楚。

【点评】

凡事都应该有个度，过度了，就会适得其反。“非慈之慈”，就会变成溺爱。溺爱，是当今家庭教育最大的危险，我们可要特别警惕啊！

【名句】

《易》曰：“善不积，不足以成名；恶不积，不足以灭身。”（《了凡四训·积善之方》/150）

【翻译】

《易经》说：“一个人不积善，不会成就好的名誉；不积恶，则不会有杀身之祸。”

【点评】

“积善成名”与“积恶灭身”，都是从量变到质变的。

【名句】

故志在天下国家，则善虽少而大；苟在一身，虽多亦小。（《了凡四训·积善之方》/158）

【翻译】

所以立志做善事，有利于天下、国家、百姓，那么善事纵然小，功德却很大；假使只为了自己一个人的利益，那么善事虽然多，功德却很小。

【注释】

苟：假如。

【点评】

志在天下，“虽少而大”；只为个人，“虽多亦小”。

【名句】

贫贱作福皆难，难而能为，斯可贵耳。（《了凡四训·积善之方》/160）

【翻译】

没钱没势的穷人，要造些福都会有很大的困难，难做到而能做到，才真是可贵啊！

【点评】

“难而能为”，更加可贵！

【名句】

随缘济众，其类至繁，约言其纲，大约有十：第一，与人为善；第二，爱敬存心；第三，成人之美；第四，劝人为善；第五，救人危急；第六，兴建大利；第七，舍财作福；第八，护持正法；第九，敬重尊长；第十，爱惜物命。(《了凡四训·积善之方》/162)

【翻译】

我们为人处世，遇到机缘，就去做救济众人的事。救济众人的方法很多，简单地说，它的重要项目大约有十种：第一，是与人为善；第二，是爱敬存心；第三，是成人之美；第四，是劝人为善；第五，是救人危急；第六，是兴建大利；第七，是舍财作福；第八，是护持正法；第九，是敬重尊长；第十，是爱惜物命。

【点评】

与人为善、爱敬存心、成人之美、劝人为善、救人危急、兴建大利、舍财作福、护持正法、敬重尊长、爱惜物命，这十条是人们的行为准则，应“随缘济众”，认真做好。

【名句】

何谓成人之美？玉之在石，抵掷则瓦砾，追琢则圭璋。故凡见人行一善事，或其人志可取而资可进，皆须诱掖而成就之。或为之奖借，或为之维持；或为白其诬而分其谤；务使成立而后已。(《了凡四训·积善之方》/169)

【翻译】

什么叫作成人之美呢？举例来说，若是把一块里面含有玉的石头随便抛弃，那么这块石头也只会成为瓦片碎石，一文不值。若是把它好好地加以雕刻琢磨，那么这块石头就成了非常珍贵的宝物圭璋。所以看到别人做一件善事，或者是这个人立志向上，而且他的资质足以造就的话，都应该好好地引导他、提拔他，使他成为社会上的有用之才。或是夸赞他、激励他、扶持他；若是有人冤枉他，就替他辩解冤屈，来替他分担，减轻他所受的毁谤，这样叫作分谤；务必要使他能够立身于社会，而后才算是尽了心意。

【注释】

圭璋：古代的一种贵重玉器。

诱掖：引导和扶助。

【点评】

“成人之美”，才算是尽了我的心意，这是何等高尚！

【名句】

韩愈云：“一时劝人以口，百世劝人以书。”（《了凡四训·积善之方》/172）

【翻译】

韩愈说：“以口来劝人只在一时，以书来劝人可以流传到百世。”

【点评】

“百世劝人以书”，有立言的大功德。

【名句】

失言失人，当反吾智。（《了凡四训·积善之方》/172）

【翻译】

不可以和他交谈时却和他交谈，这是失言，说话不得当；可以与他交谈时却不与他交谈，容易失去可以交往的人。如果这样，那就应当反过来反省自己的智慧。

【注释】

失言失人：《论语·卫灵公》曰：“可与言而不与之言，失人；不可与言而与之言，失言。”意思是可以与他交谈时却不与他交谈，容易失去可以交往的人；不可以和他交谈时和他交谈，是说话不得当。

【点评】

“失言失人”，是与人相处之道。劝人也要劝得得当，譬如这个人太倔强，不可以用话来劝，你若是用话去劝了，不但是白劝，所劝的话也成了废话，这就是失言。如果这个人性情温顺，可以用话来劝，你却不劝，而错过了劝人为善的机会，这就是失人。

【名句】

何谓救人危急？患难颠沛，人所时有。偶一遇之，当如痌瘝在身，速为解救。或以一言伸其屈抑，或以多方济其颠连。崔子曰："惠不在大，赴人之急可也。"盖仁人之言哉！（《了凡四训·积善之方》/174）

【翻译】

什么叫作救人危急呢？处于患难困顿的情况，是人们经常会遇到的。假使偶尔碰到患难危急的人，应该将他的痛苦当作是发生在自己身上一样，赶快设法解救。或者用话语帮助他申辩冤屈，或是用种种方法来救济他的困苦。明朝的崔子曾经说："恩惠不在乎大小，只要在别人危急的时候，赶紧去帮助他就可以了。"这句话是真正的仁者所说的话呀！

【注释】

颠沛：处境窘迫困顿。

痌瘝（tōng guān）：病痛疾苦。

屈抑：冤屈压抑。

颠连：困顿穷苦。

【点评】

"惠不在大，赴人之急可也。"这才是真正的仁者。

【名句】

何谓兴建大利？小而一乡之内，大而一邑之中，凡有利益，最宜兴建。或开渠导水，或筑堤防患；或修桥梁，以便行旅；或施茶饭，以济饥渴；随缘劝导，协力兴修，勿避嫌疑，勿辞劳怨。（《了凡四训·积善之方》/175）

【翻译】

什么叫作兴建大利呢？往小了说，在一个乡中，往大了说，在一个县内，凡是有益公众的事，最应该发起兴建。或是开辟水渠来灌溉农田，或是建筑堤岸来预防水灾；或是修筑桥梁，使交通方便；或是施送茶饭，救济饥饿口渴的人；随时遇到机会，都要劝导大家出钱出力来兴建。纵然有人暗中毁谤，也不要为了避嫌就不去做，不要因为怕辛苦、怕被埋怨就推脱不做。

【点评】

做好事、善事，应该“勿避嫌疑，勿辞劳怨”。

【名句】

世人以衣食为命，故财为最重。吾从而舍之，内以破吾之悭，外以济人之急。始而勉强，终则泰然，最可以荡涤私情，祛除执吝。（《了凡四训·积善之方》/176）

【翻译】

世人都靠衣食维持生命，所以将财物看得最为重要。如果我能够痛痛快快地施舍钱财，对内可以破除我吝啬的心，对外则可救济别人急难。起初做起来，难免会有一些勉强，只要习惯了，最终会泰然处之。这样做最容易消除自己的私心，也可以除掉自己对钱财的执着。

【注释】

悭：吝啬。

【点评】

钱财上的布施，可以荡涤私情，祛除执吝。

【名句】

何谓敬重尊长？家之父兄，国之君长，与凡年高、德高、位高、识高者，皆当加意奉事。在家而奉侍父母，使深爱婉容，柔声下气，习以成性，便是和气格天之本。（《了凡四训·积善之方》/179）

【翻译】

什么叫作敬重尊长呢？对待家里的父亲、兄长，国家的君王、长官，以及凡是年岁、道德、职位、见识高的人，都应该格外虔诚地去敬重。在家里侍奉父母，要有深爱父母的心与委婉和顺的面貌，而且声要和、气要平，这样不断地熏染，时间久了便会养成习惯，成为本性，这就是和气可以感通上天的根本。

【注释】

婉容：和顺的仪容。

习以成性：养成习惯，即成本性。

格天：感通于天。

【点评】

“深爱婉容，柔声下气”，是尽孝的至高境界。

【名句】

何谓爱惜物命？凡人之所以为人者，惟此恻隐之心而已；

求仁者求此，积德者积此。(《了凡四训·积善之方》/181)

【翻译】

什么叫作爱惜物命呢？人之所以成为人，就是因为人都有一片恻隐之心罢了；求仁的，就是求这一片恻隐之心；积德的，也就是积这一片恻隐之心。

【注释】

恻隐：怜悯，同情。

【点评】

有恻隐之心，就是仁；有恻隐之心，就是德。没有恻隐之心，就是无仁、无德。人都应该有恻隐之心，求仁求德！

谦德之效

【名句】

《书》曰："满招损，谦受益。"(《了凡四训·谦德之效》/185)

【翻译】

《尚书》说："自满，就要招来损害；谦虚，就会得到益处。"

【点评】

"满招损，谦受益"，应该成为我们的座右铭。

【名句】

善事阴功，皆由心造。常存此心，功德无量。且如谦虚一节，并不费钱，你如何不自反而骂试官乎？（《了凡四训·谦德之效》/196）

【翻译】

行善事，积阴功，都是发自内心做出来的。只要常存做善事、积阴功的心，功德就无量无边了。就像谦虚这件事，又不用花钱，你为什么不自我反省，反而骂考官不公平呢？

【点评】

“谦虚”与“善事”两者是可兼得的，越是做善事，人就会越谦虚。

【名句】

有志于功名者，必得功名；有志于富贵者，必得富贵。（《了凡四训·谦德之效》/200）

【翻译】

有志向求取功名的，一定可以得到功名；有志向求取富贵的，一定可以得到富贵。

【点评】

有志者，事竟成。

【名句】

人之有志，如树之有根。立定此志，须念念谦虚，尘尘方便，

自然感动天地，而造福由我。（《了凡四训·谦德之效》/200）

【翻译】

人有志向，就像树木有了根基一样。立定志向之后，还必须念念不忘谦虚，处处与人方便，这样自然会感动天地，所以说造福全在自己。

【点评】

在生活中，“念念谦虚，尘尘方便”，自然会感动天地。

三、《了凡四训》的历史意义及现代价值

《了凡四训》的主题思想是：命运不但是可以改变的，还可以完全掌握在自己手中。袁了凡以自己改变命运的亲身经验现身说法，读了可以使人心目豁开，信心倍增。《了凡四训》于个人、家庭以及建设和谐社会都是有益的。

袁了凡是江南善举运动的宣导者，《了凡四训》是善书中的经典之作，劝善是全书的重点和宗旨，“积善篇”占了全书一半的篇幅。它阐明了善的含义、善恶的标准、行善的道理和方法。

袁了凡是功过格的积极实践者。功过格是最具中华文明特色的事物之一，它把每日所做之事，按其善恶增减记数，是一种道德自律的工具。功过格的出现，标志着中国人认识到可用自己的双手改变自己的命运，改变吉凶，这是精神生活中划时代的成果。

在《了凡四训》里，袁了凡以其毕生的学问与修养，融通儒、道、佛三家思想，用自己的亲身经历，结合大量真实生动的事例，告诫世人不要被“命”字束缚手脚，要自强不息，改造命运。《了凡四训》蕴含着中国文化的深邃与智慧，被誉为“东方第一励志奇书”。曾国藩对《了凡四训》最为推崇，读后改号“涤生”，将其列为子侄必读的第一本人生智慧之书。胡适则认为，《了凡四训》是研究中国古代思想史的一部重要代表作。

（本篇中引用的《了凡四训》原文均摘自以下图书：[明] 袁了凡．了凡四训 [M]．尚荣，徐敏，赵锐，评注．北京：中华书局，2013.）

钱镠与《钱氏家训》

一、钱镠与《钱氏家训》简介

钱镠（liú）（852—932），字具美（一作巨美），小字婆留，杭州临安（今浙江省杭州市临安区）人，五代十国时期吴越国创建者。钱镠在位41年，庙号太祖，谥号武肃王。钱镠出生时，红光满室，伴有兵马之声。父亲钱宽以为是不祥之兆，欲将他弃于井中，被祖母拦阻。因此，钱镠得小名“婆留”（“阿婆留其命”之意），这口井后来被称为“婆留井”。钱镠骁勇善战，体恤百姓，保境安民，重视农桑，兴修水利，构筑海塘，开拓航海，发展贸易，知恩图报，功绩卓著，当地百姓都称其为“海龙王”。

《钱氏家训》是钱镠留给子孙的精神财富，是一篇无价的宝典。钱氏家族把《钱氏家训》代代相传，成为其家族人才辈出的不竭动力。《钱氏家训》分为个人篇、家庭篇、社会篇、国家篇四部分，是钱氏子孙立身处世、持家治国的思想和行为规范。

二、《钱氏家训》名句选编、翻译、注释及点评

治家之道

【名句】

欲造优美之家庭，须立良好之规则。

内外六闾整洁，尊卑次序谨严。（牛晓彦《钱氏家训新解》/90）

【翻译】

想要营造幸福美好的家庭，必须建立良好的家规。

房屋里里外外要整齐干净，长幼之间的顺序伦理要谨慎严格。

【注释】

六闾：家族聚居的地方。闾，里巷的门。

尊卑：身份的高低，在家里主要指长辈与晚辈的区别。

【点评】

“尊卑次序谨严”，长幼尊卑的次序一定要严格遵守，这里特别强调秩序的重要意义。

【名句】

父母伯叔孝敬欢愉，妯娌弟兄和睦友爱。

祖宗虽远，祭祀宜诚；子孙虽愚，诗书须读。（牛晓彦《钱氏家训新解》/95-100）

【翻译】

对父母叔伯要孝敬，使其欢乐愉快，对妯娌兄弟要和睦友爱。

祖先虽然离自己年代久远，祭祀的时候一定要虔诚；子孙即便头脑愚笨，也必须读书学习。

【注释】

欢愉：欢乐愉快，指的是使父母叔伯欢乐愉快。

祖宗：对始祖及先辈中有功德者的尊称。

诗书：本义指《诗经》和《尚书》，后常泛指书籍。

【点评】

做到“孝敬欢愉”“和睦友爱”，关爱体贴，家庭必定和谐向上。

【名句】

家富提携宗族，置义塾与公田；岁饥赈济亲朋，筹仁浆与

义粟。（牛晓彦《钱氏家训新解》/115）

【翻译】

家庭富足时要帮助家族中人，设立免费的学校和共有的田地；年景饥荒时要救济亲戚朋友，筹备施舍的钱粮。

【注释】

提携：扶持，帮助。

宗族：家族。

义塾：旧时由私人集资或用地方公益金创办的免收学费的学校。

公田：这里指家族共有的田地。

赈济：救济。

仁浆与义粟：施舍给人的钱粮。

【点评】

“家富提携宗族”“岁饥赈济亲朋”，治家应当遵循的原则。

【名句】

勤俭为本，自必丰亨；忠厚传家，乃能长久。（牛晓彦《钱氏家训新解》/120-125）

【翻译】

把勤劳节俭当作根本，就一定会丰衣足食；用忠实厚道传承家业，就能够源远流长。

【注释】

自必：必然。

亨：通“烹”，本意是煮，这里指饭菜，指代衣食家用。

【点评】

“勤俭为本”“忠厚传家”，其家业必定源远流长。

【名句】

娶媳求淑女，勿计妆奁；嫁女择佳婿，勿慕富贵。（牛晓彦《钱氏家训新解》/105-110）

【翻译】

娶媳妇要找品德美好的女子，不要贪图嫁妆；嫁女儿要选择品德才学出众的女婿，不要羡慕富贵。

【注释】

淑女：品德美好的女子。

计：计算，打算，这里指贪图。

妆奁：古代妇女梳妆用的镜匣，指代嫁妆。

【点评】

“勿计妆奁”“勿慕富贵”，这是“娶媳”“嫁女”的重要前提，也是钱氏家族长盛不衰的一个重要原因。

大智兴邦

【名句】

执法如山，守身如玉，爱民如子，去蠹如仇。（牛晓彦《钱

氏家训新解》/176）

【翻译】

执行法令像山一样不可动摇，保持节操像玉一样洁白无瑕，像爱护自己的子女一样去爱护百姓，像对待自己的仇敌一样去剪除蠹虫。

【注释】

蠹（dù）：蠹虫，咬器物的虫子，比喻危害集体利益的坏人。

【点评】

如何做到“执法如山，守身如玉，爱民如子，去蠹如仇”，关键是站稳立场。为此，必须事事处处以人民的利益为重，站在国家的立场上，才能作出正确的抉择。

【名句】

利在一身勿谋也，利在天下者必谋之；利在一时固谋也，利在万世者更谋之。（牛晓彦《钱氏家训新解》/191-196）

【翻译】

利益如果是自己一人得就不去谋取，如果是天下百姓得就一定谋取；利益如果是在当前一时得当然要谋取，如果是得在千秋万代更要谋取。

【点评】

“利在天下者必谋之”“利在万世者更谋之”，表达的是钱镠的国家观。钱氏后代人才辈出，为国家作出了杰出贡献，都源自祖辈的家国观。

【名句】

大智兴邦，不过集众思；大愚误国，只为好自用。（牛晓彦《钱氏家训新解》/201）

【翻译】

才智出众的人能使国家强盛，不过是汇集了大家的智慧；极端无知的人会败坏国家大事，只因为总喜欢自以为是。

【注释】

大智：才智出众，才智出众的人。

大愚：极端无知，极端无知的人。

自用：自以为是。

【点评】

“集众思”，广听民意，才能兴邦；“好自用”，自以为是，必将误国。

【名句】

务本节用则国富；进贤使能则国强。兴学育才则国盛；交邻有道则国安。（牛晓彦《钱氏家训新解》/236-241）

【翻译】

抓住生财的根本，节约开支，国家就会富足；选拔任用德才兼备的人，国家就会强大。兴办学校，培养人才，国家就会昌盛；与邻邦交往信守道义，国家就会安定。

【注释】

务本节用：抓住生财的根本，尽量节约开支，即开源节流。

进贤使能：举荐贤者，任用能人。进，推荐、选拔；贤，有道德；使，任用；能，有才能。

有道：有道义，守道义。

【点评】

“务本节用”“进贤使能”“兴学育才”“交邻有道”，这是国家富足、强大、昌盛、安定之本。

敬老怀幼

【名句】

恤寡矜孤，敬老怀幼。救灾周急，排难解纷。（牛晓彦《钱氏家训新解》/136-141）

【翻译】

救济寡妇，怜惜孤儿，尊敬老人，关心幼童。救济受灾的人民，接济有紧急需要的人，为人排除危难，化解矛盾纠纷。

【注释】

恤：怜悯，救济。

寡：寡妇。

矜：怜悯，怜惜。

孤：孤儿。

周急：接济急需救济的人。

解纷：解决纠纷。

【点评】

“敬老怀幼”，尊敬老人，关怀幼小，这是中华民族的传统美德，必须发扬光大。

关注公益

【名句】

私见尽要铲除，公益概行提倡。（牛晓彦《钱氏家训新解》/156）

【翻译】

个人成见要全部去除，公众利益要全面提倡。

【注释】

私见：个人成见。

概行：一律施行。

【点评】

关注公益，培养公益心；以适当方式参与进去，为社会发展尽心尽力。

【名句】

修桥路以利众行，造河船以济众渡。

兴启蒙之义塾，设积谷之社仓。（牛晓彦《钱氏家训新解》/146-151）

【翻译】

架桥铺路方便人们行走，开河造船帮助人们通渡。

兴办启蒙教育的免费学校，建立储存粮食用以救济饥荒的民间粮仓。

【注释】

积谷：储存粮食。

社仓：古代的一种民办粮仓，存丰补歉，用于救济。

【点评】

修“桥路”，造“河船”，兴“义塾”，设“社仓”，都是从老百姓的切身利益出发，为百姓做的实事、好事。

胸怀豁达

【名句】

不见利而起谋，不见才而生嫉。（牛晓彦《钱氏家训新解》/160）

【翻译】

不要看见利益就动心谋取，不要见人才高就心生嫉妒。

【点评】

“不见才而生嫉”，而应见才而敬慕，心胸开阔，使自己大度起来。

【名句】

小人固当远，断不可显为仇敌；君子固当亲，亦不可曲为附和。（牛晓彦《钱氏家训新解》/165-170）

【翻译】

小人固然应该疏远，但一定不能公然成为仇敌；君子固然应该亲近，也不能失去原则一味追随。

【点评】

“固当远”“固当亲”都应该注意度，过之就会适得其反。

改过自新

【名句】

能改过则天地不怒，能安分则鬼神无权。（牛晓彦《钱氏家训新解》/58-63）

【翻译】

能够改正过错则天地都不会生气，能够安守本分则鬼神也无可奈何。

【注释】

无权：没有权利，无可奈何。

【点评】

“能改过则天地不怒”，犯错是不可避免的，错了能改，则“天地不怒”；“能安分则鬼神无权”，安分守己，坚持自己的理想，不放弃信念，则“鬼神无权”。

坚定不移

【名句】

花繁柳密处拨得开，方见手段；风狂雨骤时立得定，才是脚跟。（牛晓彦《钱氏家训新解》/50-54）

【翻译】

花丛密布、柳枝繁杂的地方能够开辟出道路，才能显示出本领；狂风大作、暴雨肆虐的时候能够站立得住，才算是立定了脚跟。

【注释】

手段：本领、能耐。

脚跟：立定脚跟，形容站得稳、不动摇。

【点评】

“花繁柳密处拨得开”“风狂雨骤时立得定”，这“拨得开”“立得定”，体现了一个人的才干能力和信念意志。

阅读写作

【名句】

读经传则根柢深，看史鉴则议论伟。（牛晓彦《钱氏家训新解》/68-73）

【翻译】

熟读经典古书才会根基深厚，了解历史才能谈吐不凡。

【注释】

经传：指经典古书和解释经典的书籍。

根柢：树木的根，比喻事业或学业的基础。

史鉴：能作为可借鉴的历史事实。

议论：谈论，谈吐。

伟：才识卓越。

【点评】

“读经传”，才能根基深厚；“看史鉴”，才能谈吐不凡。阅读，从古到今都是极为重要的。

【名句】

能文章则称述多，蓄道德则福报厚。（牛晓彦《钱氏家训新解》/78-83）

【翻译】

擅长写作才能有丰富的著作，蓄养道德才能有大的福报。

【注释】

能：擅长，善于。

蓄：蓄养。

厚：大，指回报。

【点评】

要“称述多”，就得善写、多写；要“福报厚”，就得积德，造福世人。

信交朋友

【名句】

信交朋友，惠普乡邻。（牛晓彦《钱氏家训新解》/132）

【翻译】

用诚信结交朋友，把恩惠遍及乡邻。

【点评】

“信交朋友”，诚信是交友的基础与前提！

三、《钱氏家训》原文

个人篇

心术不可得罪于天地，言行皆当无愧于圣贤。

曾子之三省勿忘，程子之四箴宜佩。

持躬不可不谨严，临财不可不廉介。

处事不可不决断，存心不可不宽厚。

尽前行者地步窄，向后看者眼界宽。

花繁柳密处拨得开，方见手段；风狂雨骤时立得定，才是脚跟。

能改过则天地不怒，能安分则鬼神无权。

读经传则根柢深，看史鉴则议论伟。

能文章则称述多，蓄道德则福报厚。

家庭篇

欲造优美之家庭，须立良好之规则。

内外六闾整洁，尊卑次序谨严。

父母伯叔孝敬欢愉，妯娌弟兄和睦友爱。

祖宗虽远，祭祀宜诚；子孙虽愚，诗书须读。

娶媳求淑女，勿计妆奁；嫁女择佳婿，勿慕富贵。

家富提携宗族，置义塾与公田；岁饥赈济亲朋，筹仁浆与义粟。

勤俭为本，自必丰亨；忠厚传家，乃能长久。

社会篇

信交朋友，惠普乡邻。

恤寡矜孤，敬老怀幼。

救灾周急，排难解纷。

修桥路以利众行，造河船以济众渡。

兴启蒙之义塾，设积谷之社仓。

私见尽要铲除，公益概行提倡。

不见利而起谋，不见才而生嫉。

小人固当远，断不可显为仇敌；君子固当亲，亦不可曲为附和。

国家篇

执法如山，守身如玉，爱民如子，去蠹如仇。

严以驭役，宽以恤民。

官肯著意一分，民受十分之惠；上能吃苦一点，民沾万点之恩。

利在一身勿谋也，利在天下者必谋之；利在一时固谋也，利在万世者更谋之。

大智兴邦，不过集众思；大愚误国，只为好自用。

聪明睿智，守之以愚；功被天下，守之以让。勇力振世，守之以怯；富有四海，守之以谦。

庙堂之上，以养正气为先；海宇之内，以养元气为本。

务本节用则国富；进贤使能则国强。兴学育才则国盛；交邻有道则国安。

四、《钱氏家训》的历史意义及现代价值

《钱氏家训》不只是钱氏后人的行为准则，更是留给每个中国人的宝贵精神遗产，是我们每一个中国人都应该认真学习的成长训言。“利在一身勿谋也，利在天下者必谋之。”钱氏家族遵循这一训诫，利益得在自己一人就不去谋取，利在天下百姓就一定谋取。从吴越时代的钱氏政权，一直到现代，近千年中，钱氏精英不断涌现，出了很多名人，包括文学家、科学家、

政治家、外交家等。

现代的有：钱玄同，中国“五四”新文化运动的倡导者之一；钱穆，中国现代历史学家；钱锺书，中国现代著名作家，其作品《围城》被誉为不朽之经典；钱其琛，国务院原副总理，著名外交家；钱正英，全国政协原副主席，水利水电专家；钱永健，2008 年诺贝尔化学奖获得者；钱学森，被誉为“中国航天之父”“中国导弹之父”，是中国航天科技事业的先驱和杰出代表；钱三强，中国原子能事业的主要奠基人，被誉为中国原子能科学之父；钱伟长，全国政协原副主席，世界著名的杰出华人科学家、教育家、社会活动家。钱学森、钱三强、钱伟长这“三钱”，早已深深渗入几乎每个中国人的记忆之中。他们的人生轨迹对于我们来说，已经成为一种精神和指路明灯。这一盏盏明灯通过历史烟尘在江南吴越钱氏家族庭院里点燃了千年，筚路蓝缕，薪火相传；这明灯，这薪火，就是《钱氏家训》。

《钱氏家训》是千年望族百代相传的训诫，是中国人心智成长的人生宝典。《钱氏家训》在今天读来仍有积极的现实意义。

（本篇中引用的《钱氏家训》原文均摘自以下图书：牛晓彦 . 钱氏家训新解［M］. 北京：北京理工大学出版社，2014.）

《孝经》

一、《孝经》简介及作者

《孝经》是阐述孝道和孝治思想的中国古代儒家经典著作。《孝经》是儒家十三经中经文最短的一部，字数不到2000，却对中国2000多年的历史有着深刻的影响，是古人必读书目之一。一般情况下，小孩子入学首先要读的就是《孝经》。

《孝经》成书于秦汉之际，对于作者是谁历来观点不一，一般说法有孔子、曾子、子思，但大多数人都认同作者是曾子。自西汉至魏晋南北朝，注解者及百家。现在流行的版本是唐玄宗李隆基注，宋邢昺疏，全书共分18章。

二、《孝经》名句选编、翻译、注释及点评

孝道与道德

【名句】

夫孝，德之本也，教之所由生也。（《孝经·开宗明义章第一》/5）

【翻译】

孝是一切道德的根本，所有品行的教化都是由孝行派生出来的。

【注释】

德之本：德行的根本。

教：教化。

【点评】

孝是一个人立身之本，对任何人在任何时候都有着非常重要的意义。

【名句】

身体发肤，受之父母，不敢毁伤，孝之始也。立身行道，扬名于后世，以显父母，孝之终也。（《孝经·开宗明义章第一》/5）

【翻译】

人的身躯、四肢、毛发、皮肤，都是父母赋予的，不敢损毁伤残，这是孝的开始。人在世上遵循仁义道德行事，显扬名声于后世，使父母显赫荣耀，这是孝的终极目标。

【注释】

身体发肤：身躯、四肢、毛发、皮肤。

受之父母：都是父母赋予的。受，承受；之，于。

立身：顶天立地。

行道：依道行事。

扬名：显扬名声。

以显父母：使父母显耀，光宗耀祖。

【点评】

人的身体和毛发都来自父母，假如身体毫发无损，爱护好自己的身体，就是对父母的孝敬。不仅如此，还需“立身行道”，使孝行发扬光大。

【名句】

用天之道，分地之利，谨身节用，以养父母，此庶人之孝也。（《孝经·庶人章第六》/51）

【翻译】

通过自然的季节，认清农田土地的特性和便利条件，行为谨慎，节省俭约，以此孝养父母，这就是普通老百姓的孝道。

【注释】

用：顺应，利用。

天之道：指自然规律。

分：区别，分辨。

地之利：农田土地的适应特性和便利条件。

谨身：行为举动谨慎小心。

节用：用度花费节省俭约。

庶人：天下黎民百姓。

【点评】

掌握好农时，打理好农田，行事小心谨慎，用度节省俭约，以此来孝养父母，就是孝道了。如果挥霍无度，不养育父母，让父母身心感觉不到快乐，就是背离孝道。

孝道的力量

【名句】

孝悌之至，通于神明，光于四海，无所不通。（《孝经·感应章第十六》/193）

【翻译】

对父母孝敬、对兄长顺从达到了极致，就可以通达于神明，照耀天下，任何地方都可以感应相通。

【注释】

之至：到了极致，极点。

通：通达。

光：照耀。

【点评】

“孝悌之至”“无所不通”。孝敬达到了极点，是任何地方都可以感应相通的，这就是孝道的威力。

【名句】

子曰：“夫孝，天之经也，地之义也，民之行也。”（《孝经·三才章第七》/61）

【翻译】

孔子说：“孝道，犹如天上日月星辰的运行，地上万物的自然生长，天经地义，是人类最为根本的行为准则。”

【注释】

经：常规、原则，永恒不变的规律。

义：对世道有益的正理，不变的道义。

行：行为准则。

【点评】

无论做什么事情都要顺应天意，而孝道就像是天体运行一样顺应天意，能指引人们走向文明。

【名句】

故不爱其亲而爱他人者，谓之悖德；不敬其亲而敬他人者，谓之悖礼。(《孝经·圣治章第九》/94)

【翻译】

所以那种不敬爱自己的父母却去敬爱别人的行为，叫作违背道德；不尊敬自己的父母而尊敬别人的行为，叫作违背礼法。

【注释】

悖：违背，违逆。

【点评】

不爱自己的父母，不尊敬自己的父母，都是违背道德、违背礼法的行为。道德教育要从爱自己的父母、尊敬自己的父母做起。

亲爱与礼顺

【名句】

子曰："教民亲爱，莫善于孝。教民礼顺，莫善于悌。"（《孝经·广要道章第十二》/129）

【翻译】

孔子说："教育人民互相亲近友爱，没有比倡导孝道更好的了。教育人民礼貌和顺，没有比敬爱兄长更好的了。"

【注释】

顺：和顺。

悌：敬爱兄长。

【点评】

"教民亲爱""教民礼顺"，要从孝道开始。

孝道五方面

【名句】

子曰："孝子之事亲也，居则致其敬，养则致其乐，病则致其忧，丧则致其哀，祭则致其严，五者备矣，然后能事亲。"（《孝经·纪孝行章第十》/102）

【翻译】

孔子说："孝子侍奉父母亲，在日常家居的时候，要竭尽全力对父母恭敬；在饮食生活的奉养上，要保持和悦愉快的心情；父母生病，要充分表达出对父母健康的忧虑关切，精心照料；父母去世了，要竭尽悲哀之情料理后事；对先人的祭祀，要充分表达出敬仰严肃。这五方面做全了，方可称对父母尽到了责任。

【注释】

居则致其敬：在日常家居的时候，要竭尽全力对父母恭敬。居，日常家居；致，竭尽。

养则致其乐：在饮食生活的奉养上，要保持和悦愉快的心情去服侍。养，奉养，赡养；乐，快乐。

致其忧：充分地表现出忧伤焦虑的心情。

丧则致其哀：若双亲去世要竭尽悲哀之情。

祭则致其严：对先人的祭祀，要充分表达出敬仰严肃。祭，用仪式表达对逝世者的悼念或敬意；严，端庄严肃。

【点评】

"致其敬""致其乐""致其忧""致其哀""致其严"，这五方面做得完备周到了，方可称为对父母尽到了子女的责任。

三、《孝经》的历史意义及现代价值

《孝经》全文是以孔子解疑的形式来阐述的，可以说是层层深入，由整体到细节，由大到小，叙述全面，修辞得当。

《孝经》以孝为中心，比较集中地阐述了儒家的伦理思想。孔子认为，“夫孝，天之经也，地之义也，民之行也”。指出孝是诸德之本，认为“人之行，莫大于孝”，国君可以用孝治理国家，臣民能够用孝立身持家。《孝经》首次将孝与忠联系起来，认为“忠”是对“孝”的发展和扩大，并把“孝”的社会作用推而广之，认为“孝悌之至”就能够“通于神明，光于四海，无所不通”。《孝经》对实行“孝”的要求和方法也作了系统而详细的规定。

《孝经》一书把“孝”贯穿于人的一切行为之中，“身体发肤，受之父母，不敢毁伤”，是孝之始；“立身行道，扬名于后世，以显父母”，是孝之终。它把维护宗法等级关系与为君主服务联系起来，认为“孝”要“始于事亲，中于事君，终于立身”。具体要求：“居则致其敬，养则致其乐，病则致其忧，丧则致其哀，祭则致其严。”

《孝经》在今天仍具有现实意义。孝道，是顺应人心、顺应人性、顺从人情的德行。我们需要从道德的根本上去浇灌，将孝道推广开来，达到家庭和睦、社会和谐的目的。

（本篇中引用的《孝经》原文均摘自以下图书：唐品．孝经全集［M］．成都：天地出版社，2017.）

主要参考文献

1. 孔丘．论语 [M] 学之，译注．西安：陕西师范大学出版社，2021.

2. 孟子（第 2 版）[M]. 方勇，译注．北京：中华书局，2015.

3. 荀子（第 2 版）[M]. 方勇，李波，译注．北京：中华书局，2015.

4. 道德经 [M]. 张景，张松辉，译注．北京：中华书局，2021.

5. 颜氏家训 [M]. 檀作文，译注．北京：中华书局，2007.

6. 夏家善．温公家范 [M]. 王宗至，王微，注释．天津：天津古籍出版社，2016.

7. 国学典藏书系丛书编委会．曾国藩家书 [M]. 长春：吉林出版集团股份有限公司，2011.

8. 袁了凡．了凡四训 [M]. 尚荣，徐敏，赵锐，评注．北京：中华书局，2013.

9. 朱用纯，等．朱子家训 · 颜氏家训 · 孔子家语 [M]. 金源，编译．成都：天地出版社，2019.

10. 文景．历代家训 [M]. 北京：中国人口出版社，2018.

11. 牛晓彦，钱氏家训新解 [M]. 北京：北京理工大学出版社，2014.

12. 唐品 . 孝经全集 [M]. 刘兆祥，译注 . 成都：天地出版社，2017.

后　记

《亲子共读中华家教经典名篇》于2023年春节前完成书稿，此后经过几个月的修订，终于可以付梓了。我欣喜，我高兴！

为什么要编译出版《亲子共读中华家教经典名篇》？这还得从2006年4月我制作家庭教育课件“中外教育家论家庭教育”说起。那时我便萌发了编著《中外家庭教育智慧》一书的念头，原计划分上、下卷出版。2018年12月，编著了该书的上卷《中外家庭教育名著赏析》，印出样书8本，供校对用。与此同时，列出下卷“中外名人论家庭教育”的编辑纲目，并决定将《中外家庭教育智慧》分成两本书出版，先出版下卷，书名改为《家庭教育智慧》。该书已于2023年6月由中山大学出版社出版。

《亲子共读中华家教经典名篇》是在《中外家庭教育名著赏析》基础上完善而成的：删去外国部分，只留中国古典部分；编纂方式由“赏析”改为“编译”。《亲子共读中华家教经典名篇》由中国15部古代家教名篇组成。每部名篇的编译大体分为三部分：第一部分为作者及名篇简介，第二部分为名句选编、翻译、注释及点评（个别有例外），第三部分为该名篇的历史意义及现代价值。因时代久远，这15部家教名篇版本较多，字、词、句、标点各版本会有些不同，解释也有所差别，编译者吸收众家之长而用，敬请读者理解、辨析。

在漫长的编纂过程中，得到我的妻子陈赛珠老师无微不至的关心帮助，得到我的女儿张晓帆、张晓星和女婿许桂鑫、张霞的充分理解、积极支持，让我深深感受到家的温暖与力量。没有他们的帮助，我不可能完成《亲子共读中华家教经典名篇》的编译。

《亲子共读中华家教经典名篇》的出版得到来自全国各地朋友的鼓励与帮助，他们是吉林的赵刚，江苏的陈遵宝，湖南的罗华生，香港的王锡安、邓淑娟，广州的洪琳、骆风，深圳的蔡锦桂，清远的苏耀良，江门的赵崇兴，潮州的陈景山、陈俊乾、陈如杏，汕头的余德元、姚佩琅、林俊强、郑韶南、王绵礼、林枫、郑康顺等。本书的出版还得感谢曾经为《中外家庭教育名著赏析》做过认真校对的陈大正、钟国等。感谢中国妇女出版社副总编辑廖晶晶和责任编辑闫丽春的精心编辑。

本书参考当代学者研究这15部家教名著的成果，除在每条引用的名句后面注明出处，还在书末列出“主要参考文献”，在此，谨表示衷心感谢。如有需要，我们会送上样书致谢。

中华家教名著浩如烟海，遴选编纂一部《亲子共读中华家教经典名篇》实属不易，编者能力有限，如书中有舛误之处，敬请读者批评指正，以便再版时修改、补充，进一步完善。

张能治于广东汕头碧霞庄

2023年7月22日